D1661435

Serie S

J. KRISHNAMURTI

Erziehung
zur Kunst des Lebens

J. Krishnamurtis Briefe an seine Schulen

LAMBERT SCHNEIDER

Übersetzung von: J. Krishnamurti, Letters to the Schools I.
1981. (Krishnamurti Foundation Trust Limited.
Brockwood Park, Bramdean, Hampshire SO24 0LQ, GB)

———

Aus dem Englischen übersetzt
von der Arbeitsgemeinschaft Krishnamurti Übersetzungen

Die Deutsche Bibliothek – CIP-Einheitsaufnahme

Krishnamurti, Jiddu:
Erziehung zur Kunst des Lebens : J. Krishnamurtis Briefe an
seine Schulen / J. Krishnamurti. – 2. Aufl. – Gerlingen : Schnei-
der Bleicher, 1996
(Serie S)
Einheitssacht.: Letters to the schools <dt.>
Teilausg.
ISBN 3−7953−0391−5

Gesamtherstellung: Allgäuer Zeitungsverlag · Kempten

Über den Autor / Über das Buch:

Jiddu Krishnamurti, 1986 in Ojai (Kalifornien) gestorben, *war einer der geistigen Lehrer unserer Zeit.* 1895 in Madanapalle (Indien) als achter Sohn einer Brahmanenfamilie geboren, kam er schon früh nach Adyar (bei Madras), seit 1882 Sitz der »Theosophischen ^ ·sellschaft«, und wurde dort, von 1912 an in England, in theoso-̣ p.ischem Sinne erzogen. Seine Ausstrahlung und sein verhaltenes Wesen beeindruckten so stark, daß 1911 für ihn der »Order of the Star of the East« gegründet und der Sechzehnjährige zum Haupt dieses Ordens gemacht wurde. Der 3. August 1929 wurde für ihn zum Wendepunkt: in einer Rede vor mehr als 3000 Ordensmitgliedern in Ommen (Holland) löste Krishnamurti den Orden auf. Denn *»die Wahrheit ist ein wegeloses Land«*, sie ist nicht organisierbar, jeder Mensch muß es selbst unternehmen, zu ihr aufzusteigen. Von hier an wirkte Krishnamurti unermüdlich in Reden, Gesprächen, Büchern dafür, Menschen für diese Einsicht zu öffnen.

»Die größte Kunst ist die Kunst des Lebens, größer als alle Dinge, welche die Menschen je geschaffen haben«, sagt Krishnamurti in diesem Buche; er weiß aber auch, wie vieles uns hindert, solche ›Kunst des Lebens‹ zu leben und zu bewähren. Das größte Hindernis sieht er in der ›Konditionierung‹ unseres Geistes; er ist überzeugt: erst wenn ein Mensch sich von dieser Bürde befreit, öffnet sich ihm das ganze Leben.

Es war ganz natürlich, daß Krishnamurti-Schulen entstanden: das Brockwood Park Educational Centre in England, die Oak Grove School in Ojai (Kalifornien), fünf Schulen in Indien. (Vgl. S. 169). Hier galt die Probe der Bewährung: Können Lehrer, Mitarbeiter, Schüler, indem sie miteinander leben und lernen, sich vom Hintergrund ihrer Herkunft mit all ihren Konditionierungsformen befreien? Gelingt es, ein natürliches, spontanes Zusammenleben zu verwirklichen, in dem jeder von Grund auf sich ändert? Gelänge es hier, gelänge es vielleicht auch sonst unter Menschen ... Krishnamurti empfand das selbst so, war oft in seinen Schulen und nahm an dem Experiment der Bewährung seiner Gedanken teil. Es lag ihm daran, mit den Schulen und den Menschen dort in Verbindung zu bleiben: So entstanden vom Herbst 1978 an die 37 Briefe, die hier gedruckt werden und die nicht nur auf Schul- und Erziehungsfragen eingehen, sondern auf das ganze Menschenleben, alles, was Krishnamurti selbst bewegte.

Inhalt

Vorwort zur Übersetzung 9

Vorbemerkung (J. Krishnamurti) 12

1. September 1978	*Geistiges Aufblühen*	13
15. September 1978	*Güte*	17
1. Oktober 1978	*Beziehung, Muße*	20
15. Oktober 1978	*Angst*	24
1. November 1978	*Tradition, Angst und Intelligenz*	28
15. November 1978	*Verantwortung, Lernen*	33
1. Dezember 1978	*Lernen, Muße*	39
15. Dezember 1978	*Mensch und Gesellschaft*	43
1. Januar 1979	*Sorgfalt und Nachlässigkeit* . .	48
15. Januar 1979	*Geborgenheit und Freiheit* . . .	52
1. Februar 1979	*Ideen und Ideale*	56
15. Februar 1979	*Energie, Verletztsein*	60
1. März 1979	*Tradition und Gewohnheit* . . .	65
15. März 1979	*Schönheit, Denken*	70
1. April 1979	*Verlangen*	75
15. April 1979	*Konflikt, Ehrlichkeit, Einsicht* .	79
1. Mai 1979	*Unordnung, Verlangen*	84
15. Mai 1979	*Verantwortung, Vergleich* . . .	89
1. Juni 1979	*Leidenschaft*	94
15. Juni 1979	*Selbstsucht*	98

7

1. Juli 1979   *Körperintelligenz*   102

15. Juli 1979   *Bewußtsein*   106

1. August 1979   *Die Kunst des Lebens*   110

15. August 1979   *Worte*   115

1. September 1979   *Erziehung*   120

15. September 1979   *Messen und Bewerten*   124

1. Oktober 1979   *Werte*   128

15. Oktober 1979   *Vergnügen*   132

1. November 1979   *Überleben*   135

15. November 1979   *Zusammenarbeit*   138

1. Dezember 1979   *Intellekt und Intelligenz*   142

15. Dezember 1979   *Denken*   145

1. Januar 1980   *Schüler und Gesellschaft*   148

15. Januar 1980   *Zuneigung*   152

1. Februar 1980   *Grausamkeit*   156

15. Februar 1980   *Lehrer und Schüler*   160

1. März 1980   *Disziplin*   163

Die Krishnamurti-Schulen   167

Vorwort

Jiddu Krishnamurti wurde im Mai 1895 in Südindien geboren. Als er 14 Jahre alt war, begannen führende Persönlichkeiten der Theosophischen Gesellschaft sich seiner besonders anzunehmen, weil sie glaubten, eine ungewöhnlich reine Aura bei ihm wahrzunehmen.

Er erhielt eine sorgfältige Erziehung in Indien und England, und schließlich machte man ihn zum Oberhaupt des »Ordens des Sterns«. Zum Entsetzen seiner theosophischen Umgebung löste er den Orden, der mehrere Tausend Mitglieder hatte, im Jahre 1929 auf. Er sagte: »Mein einziges Interesse besteht darin, den Menschen absolut und unbedingt frei zu machen.«

Von da an reiste Krishnamurti 57 Jahre lang unermüdlich um die Welt, um Gespräche zu führen, Reden zu halten und die von ihm gegründeten Schulen in Indien, England und den U.S.A. zu besuchen. Er starb im Februar 1986 in Kalifornien.

Die vorliegenden Briefe schrieb er an die Schüler, Lehrer und Mitarbeiter seiner Schulen. Die darin enthaltenen Aussagen gehen jedoch weit über den Schulbereich hinaus: sie umfassen das ganze Leben.

Bei der Übersetzung, die eine Gemeinschaftsarbeit darstellt, wurde besonderer Wert darauf gelegt, den Stil und den Geist des Originals zu erhalten, was gelegentlich zu ungewohnten Formulierungen geführt hat.

DIESE BRIEFE sollten nicht beiläufig gelesen werden, wenn Ihnen von anderen Dingen ein wenig Zeit bleibt, und sie sollten auch nicht als Unterhaltung betrachtet werden. Diese Briefe wurden ernsthaft geschrieben, und wenn Ihnen etwas daran liegt, sie zu lesen, dann lesen Sie sie in der Absicht, das Gesagte zu studieren — so wie Sie eine Blume studieren würden, indem Sie sie sehr sorgfältig betrachten: ihre Blütenblätter, ihren Stiel, ihre Farben, ihren Duft und ihre Schönheit. Auf dieselbe Art und Weise sollten diese Briefe studiert werden — und nicht am Morgen gelesen und für den Rest des Tages vergessen sein. Man muß sich Zeit nehmen, damit spielen, sie in Frage stellen, sie erforschen, ohne etwas zu übernehmen; man muß einige Zeit damit leben, sie innerlich verarbeiten, so daß sie Ihr Eigenes sind und nicht das des Schreibers.

J. KRISHNAMURTI

Geistiges Aufblühen

Da ich mit den Schulen in Indien, mit Brockwood Park in England, der Oak Grove Schule in Kalifornien und der Wolf Lake Schule in Kanada in Verbindung bleiben möchte, habe ich vor, solange es möglich ist, alle 14 Tage einen Brief an sie zu schreiben. Natürlich ist es schwierig, mit all diesen Schulen persönlich in Kontakt zu bleiben. Deshalb möchte ich gerne, wenn ich darf, diese Briefe schreiben, um zu vermitteln, was diese Schulen sein sollten, und um allen, die dafür verantwortlich sind, zu sagen, daß diese Schulen nicht nur in akademischer Hinsicht hervorragend sein sollen, sondern viel mehr als das. Es soll ihr Anliegen sein, das menschliche Wesen in seiner Ganzheit zu kultivieren.

Diese Erziehungszentren müssen dem Schüler und dem Lehrer helfen, sich auf natürliche Weise zu entfalten. Dieses Aufblühen ist wirklich sehr wichtig, weil sonst die Erziehung nur ein mechanischer Prozeß ist, der auf eine Karriere oder irgendeine Berufsausbildung hin ausgerichtet ist. In der heutigen Gesellschaft sind Karriere und Beruf unumgänglich. Wenn wir aber nur darauf Wert legen, dann wird die Freiheit aufzublühen allmählich schwinden. Wir haben viel zu viel Wert auf Prüfungen und gute Abschlüsse gelegt. Natürlich ist das nicht der Hauptgrund, weshalb diese Schulen gegründet worden sind, es bedeutet aber nicht, daß der Schüler akademisch weniger qualifiziert sein wird. Im Gegenteil, mit der Entfaltung von

Lehrer und Schüler werden Karriere und Beruf den ihnen gebührenden Platz erhalten. Die Gesellschaft, die Kultur, in der wir leben, verlangt vom Schüler, sich auf Beruf und physische Sicherheit auszurichten, und bestätigt ihn darin. Diesen ständigen Druck hat es überall gegeben; zuerst kommt die Karriere, alles andere ist zweitrangig. Das bedeutet, Geld steht an erster Stelle, und die Kompliziertheit unseres Alltags ist nebensächlich. Wir versuchen, diesen Vorgang umzukehren, denn mit Geld allein kann der Mensch nicht glücklich werden. Wenn Geld zum beherrschenden Faktor im Leben wird, dann ist unser Alltag unausgewogen. Wenn es mir also gestattet ist, möchte ich, daß alle Erzieher dies sehr ernsthaft verstehen und seine volle Tragweite ermessen. Wenn der Erzieher das Gewicht dieser Aussagen erkennt und ihnen in seinem eigenen Leben den angemessenen Platz zugewiesen hat, dann kann er dem Schüler helfen, der von seinen Eltern und von der Gesellschaft gezwungen wird, eine Karriere als das Wichtigste zu betrachten. Ich möchte also mit meinem ersten Brief diesen Punkt betonen und sicherstellen, daß in diesen Schulen stets eine Lebensweise herrscht, die das menschliche Wesen in seiner Ganzheit kultiviert.

Ein Großteil unserer Erziehung besteht darin, Wissen anzusammeln, und das läßt uns immer mechanischer werden. Unser Geist arbeitet in schmalen Bahnen, ob wir wissenschaftliches, philosophisches, religiöses, kaufmännisches oder technologisches Wissen erwerben. Unsere Lebensweise zu Hause wie außerhalb des Hauses und unsere Spezialisierung auf eine bestimmte berufliche Laufbahn engen unseren Geist immer mehr ein, begrenzen ihn und machen ihn unvollständig. Dies alles führt zu einer mechanistischen Lebensweise, einer geistigen Normung, und allmählich bestimmt der Staat – selbst ein demokratischer Staat –, was wir werden sollen. Nachdenkliche Menschen sind sich dessen natürlich bewußt, scheinen das aber leider hinzunehmen und damit zu leben. Und somit ist dies eine Gefahr für die Freiheit geworden.

Freiheit ist eine sehr komplexe Angelegenheit, und um sie in ihrer Vielfalt zu verstehen, ist es notwendig, daß der Geist aufblüht. Jeder wird natürlich dieses Aufblühen anders definieren, je nach seiner sogenannten Erziehung, seiner Erfahrung, seinem religiösen Aberglauben – das heißt, je nach seiner Konditionierung. Hier aber geht es weder um Meinungen noch um Vorurteile, sondern vielmehr um ein nicht-verbales Verstehen der Bedeutung und Wirkung des geistigen Erblühens. Dieses Erblühen ist ein völliges Entfalten und Kultivieren unseres Geistes, unseres Herzens und unseres physischen Wohlbefindens. Das bedeutet, in einer vollkommenen Harmonie zu leben, in der zwischen Verstand, Herz und Körper kein Gegensatz und kein Widerspruch besteht. Der Geist kann nur dann aufblühen, wenn eine klare Wahrnehmung besteht, die objektiv, unpersönlich und unbelastet von irgendwelchen Auflagen ist. Es geht nicht darum, was man denkt, sondern, wie man klar denkt. Jahrhundertelang wurde uns durch Propaganda usw. gesagt, was wir denken sollen. Der größte Teil der modernen Erziehung besteht darin und nicht in der Untersuchung des ganzen Denkvorgangs. Das Erblühen setzt Freiheit voraus, so wie jede Pflanze Freiheit braucht, um wachsen zu können.

Damit werden wir uns im kommenden Jahr in jedem Brief auf verschiedene Weise befassen: mit dem Erwachen des Herzens, was nichts mit Romantik, Sentimentalität oder etwas Imaginärem zu tun hat, sondern mit Güte, die aus Zuneigung und Liebe geboren ist. Wir werden auch über die Pflege des Körpers, die richtige Ernährungsweise und die richtigen Leibesübungen sprechen, die eine hohe Empfindsamkeit hervorbringen. Wenn diese drei — Verstand, Herz und Körper — in vollkommener Harmonie sind, dann kommt das Erblühen auf natürliche, leichte, vorzügliche Weise zustande. Dies ist unsere Aufgabe als Erzieher, unsere Verantwortung; Erziehen ist der höchste Beruf im Leben.

Güte

Güte kann nur in Freiheit erblühen. Sie kann sich weder auf dem Boden irgendeiner Form der Überzeugung oder unter Zwang entfalten, noch ist sie das Resultat einer Belohnung. Sie enthüllt sich nicht, wo Nachahmung oder Anpassung in irgendeiner Form vorliegt, und natürlich kann sie auch nicht unter Angst bestehen. Güte zeigt sich im Verhalten, und dieses Verhalten beruht auf Empfindsamkeit. Diese Güte drückt sich im Handeln aus. Der Denkvorgang ist nicht Güte. Man muß das Denken, das sehr kompliziert ist, verstehen, und eben dieses Verstehen bringt das Denken dazu, seine eigene Begrenzung zu erkennen.

Güte hat kein Gegenteil. Die meisten von uns halten Güte für das Gegenteil des Bösen oder des Übels, und genauso hat man in der Vergangenheit in jeder Kultur die Güte für die andere Seite der Brutalität gehalten. Daher hat der Mensch immer das Böse bekämpft, um gut zu sein. Güte aber kann niemals entstehen, wenn irgendeine Form der Gewalt oder des Kampfes besteht.

Güte zeigt sich im Verhalten, im Handeln und in Beziehungen. Gewöhnlich beruht unser tägliches Verhalten auf bestimmten mechanischen und darum oberflächlichen Mustern oder auf einem sorgsam ausgeklügelten Motiv, das auf Belohnung oder Strafe basiert. Unser Verhalten ist also bewußt oder unbewußt berechnend. Das ist nicht gutes Verhalten. Wenn man dies erkennt — jedoch nicht nur intellektuell oder indem man Worte aneinander reiht —, dann entsteht durch diese totale Negation das wahre Verhalten.

Gutes Verhalten ist dem Wesen nach die Abwesenheit des Selbst, des Ich. Es zeigt sich in Höflichkeit, in Rücksichtnahme auf andere, im Nachgeben, ohne an Integrität zu verlieren. Verhalten wird daher außerordentlich wichtig. Es ist keine beiläufige Angelegenheit, die man übergehen kann, und auch kein Spielzeug für einen hochgezüchteten Intellekt. Es kommt aus der Tiefe Ihres Wesens und ist Teil Ihres täglichen Lebens.

Güte wird im Handeln sichtbar. Wir müssen unterscheiden zwischen Handeln und Verhalten. Wahrscheinlich sind beide dasselbe, aber um der Klarheit willen müssen sie getrennt untersucht werden. Eines der schwierigsten Dinge ist es, richtig zu handeln. Es ist sehr kompliziert und muß ganz genau untersucht werden, geduldig und ohne voreilige Schlüsse zu ziehen.

In unserem Alltag ist Handeln ein fortgesetzter Vorgang aus der Vergangenheit heraus, der gelegentlich durch eine Reihe neuer Schlußfolgerungen unterbrochen wird. Dann werden diese Schlußfolgerungen zur Vergangenheit, und man handelt danach. Man handelt nach Ideen oder Idealen, die man sich vorstellt; also handelt man stets entweder von gespeichertem Wissen aus, was Vergangenheit ist, oder gemäß einer idealistischen Zukunft, einer Utopie.

Solches Handeln akzeptieren wir als normal. Ist es das? Wir stellen es zwar in Frage, nachdem es geschehen ist oder bevor wir handeln; aber dieses Infragestellen beruht auf vorangegangenen Schlußfolgerungen oder auf zukünftiger Belohnung oder Strafe. Wenn ich dies tue, werde ich das bekommen usw.

Deshalb stellen wir jetzt diese ganze allgemein anerkannte Vorstellung vom Handeln in Frage.

Wir handeln, nachdem wir Wissen oder Erfahrung gesammelt haben, oder wir handeln und lernen aus diesem Handeln, möge es nun angenehm oder unangenehm sein, und dieses Lernen wird dann erneut zur Wissensansammlung. Beide Handlungsweisen beruhen auf Wissen; sie unterscheiden sich nicht. Wissen ist immer Vergangenheit, und unser Handeln ist daher stets mechanisch.

Gibt es eine Handlungsweise, die nicht mechanisch ist, sich nicht wiederholt, nicht routiniert ist — und die man darum nicht bereut? Es ist sehr wichtig für uns, das zu verstehen, denn wo Freiheit ist und Güte aufblüht, kann das Handeln nie mechanisch sein. Schreiben ist mechanisch, ebenso das Erlernen einer Sprache oder das Autofahren; wenn man technologisches Wissen erwirbt und danach handelt, dann handelt man mechanistisch. In dieser mechanischen Aktivität könnte es auch wieder eine Unterbrechung geben, in der ein neuer Beschluß gefaßt wird, der auch wieder mechanisch wird. Man muß immer daran denken, daß zur Schönheit der Güte unbedingt Freiheit gehört. Es gibt ein nicht-mechanisches Handeln, aber Sie müssen es entdecken. Man kann Ihnen nichts davon erzählen, man kann es Sie nicht lehren, Sie können es nicht aus Beispielen erlernen, denn dann wird es Imitation und Anpassung. Dann haben Sie alle Freiheit verloren, und es gibt keine Güte.

Ich denke, das ist für diesen Brief genug. Wir werden uns aber in unserem nächsten Brief weiter mit dem Aufblühen der Güte in Beziehungen befassen.

Beziehung, Muße

Wir müssen uns, wenn Sie erlauben, weiter mit dem Aufblühen der Güte in all unseren Beziehungen befassen, ob diese nun sehr intim oder oberflächlich sind oder ganz gewöhnliche Alltagsdinge betreffen. Die Beziehung zu einem anderen Menschen ist eine der wichtigsten Sachen im Leben. Die meisten von uns sind in ihren Beziehungen nicht sehr ernsthaft, denn wir sind vorrangig an uns selbst interessiert, und an dem anderen nur, soweit es bequem, befriedigend oder sinnlich reizvoll ist. Wir betrachten Beziehungen sozusagen aus einer Distanz und nicht als etwas, woran wir ganz und gar beteiligt sind.

Wir öffnen uns einander kaum, denn wir sind unserer selbst nicht ganz bewußt, und was von uns wir einander in der Beziehung zeigen, ist entweder besitzergreifend, beherrschend oder unterwerfend. Da ist der andere, und hier bin ich, zwei verschiedene Wesen, die eine dauernde Getrenntheit bis zum Tode aufrechterhalten. Der oder die andere befaßt sich nur mit sich selbst, und so wird diese Getrenntheit während des ganzen Lebens aufrechterhalten. Natürlich bringt man sich Zuneigung, Sympathie, allgemeine Gunst entgegen, aber der Trennungsprozeß geht weiter. Daher kommt es, daß man nicht zueinander paßt, daß man sein Temperament und seine Wünsche behauptet, und so entstehen Angst und Beschwichtigung. Sexuell mag es ein Zusammenkommen geben, doch diese sonderbare, nahezu statische Beziehung von Ich und Du bleibt mit dem Gezänk, den Verletzungen, der Eifersucht und der ganzen Seelenqual bestehen. Das ganze nennt man im allgemeinen eine gute Beziehung.

Kann nun in alledem Güte aufblühen? Und doch bedeutet Beziehung Leben, und ohne eine Art von Beziehung kann man nicht existieren. Der Eremit, der Mönch, auch wenn er sich noch so sehr von der Welt zurückzieht, trägt die Welt mit sich. Sie mögen sie leugnen, sie unterdrücken, sich selbst quälen, sie bleiben dennoch in einer gewissen Beziehung zur Welt, denn sie sind das Produkt von Jahrtausenden der Tradition, des Aberglaubens und des ganzen Wissens, das der Mensch durch die Jahrtausende angesammelt hat. Daher gibt es aus alledem kein Entkommen.

Da ist die Beziehung zwischen dem Erzieher und dem Schüler. Behält nun der Lehrer, bewußt oder unbewußt, sein Gefühl der Überlegenheit bei, und steht er damit immer auf einem Podest, so daß sich der Schüler, der unterrichtet werden muß, unterlegen fühlt? Offensichtlich besteht darin keine Beziehung. Daraus entsteht auf seiten des Schülers Angst, eine Art Druck und Anstrengung. Der Schüler lernt somit von Jugend auf diese Eigenschaft der Überlegenheit kennen. Er wird dazu gebracht, sich selbst als minderwertig anzusehen und wird entweder sein Leben lang als Aggressor auftreten, oder er gibt ständig nach und wird unterwürfig.

Die Schule ist ein Ort der Muße, wo sowohl der Lehrer als auch der zu Erziehende lernt. Dies ist das Hauptanliegen der Schule: lernen. Unter Muße verstehen wir nicht, Zeit für sich zu haben, obwohl auch das notwendig ist. Muße bedeutet nicht, ein Buch zur Hand zu nehmen und sich unter einem Baum oder in sein Zimmer zu setzen und beiläufig etwas zu lesen. Muße bedeutet nicht, in einem trägen Geisteszustand zu verharren. Sie bedeutet auch ganz gewiß nicht, faul zu sein und die Zeit zum Tagträumen zu benutzen. Muße bedeutet, einen Geist zu haben, der nicht ständig mit irgend etwas beschäftigt ist, mit einem Problem, mit einem Genuß, einem sinnlichen Vergnügen. Muße bedeutet, einen Geist zu haben, der unbegrenzt Zeit hat, zu beobachten: beobachten, was um einen herum und in einem selbst geschieht. Muße haben, um zuzuhören, um klar zu sehen. Muße bedeutet Freiheit, unter der man gewöhnlich versteht, das zu tun, wozu man Lust hat — was die Menschen ohnehin tun, wodurch sie großes Unheil, Elend und Verwirrung stiften. Muße bedeutet einen stillen Geist ohne Motiv und daher ohne Richtung. Das ist Muße, und nur in diesem Zustand kann der Geist lernen, und zwar nicht nur Naturwissenschaft, Geschichte oder Mathematik, sondern auch etwas über sich selbst — und über sich selbst kann man in Beziehungen etwas lernen.

Kann all dies in unseren Schulen gelehrt werden? Oder ist es etwas, worüber Sie lesen und es sich merken oder es vergessen? Wenn Lehrer und Schüler sich jedoch wirklich um das Verstehen der ganz besonderen Bedeutung von Beziehungen bemühen, dann stellen sie in der Schule untereinander die rechte Beziehung her. Es ist ein Teil der Erziehung und wichtiger als das bloße Unterrichten von akademischen Fächern.

Beziehung erfordert viel Intelligenz. Sie kann durch kein Buch erkauft oder gelehrt werden. Sie besteht auch nicht als gesammeltes Resultat großer Erfahrung. Wissen ist nicht Intelligenz. Intelligenz kann das Wissen benutzen. Wissen kann schlau, erhellend und nutzbringend sein, aber das ist nicht Intelligenz. Intelligenz kommt leicht und auf natürliche Weise zustande, wenn die ganze Natur und Struktur der Beziehung gesehen wird. Darum ist es so wichtig, Muße zu haben, so daß Mann und Frau, Schüler und Lehrer ruhig und ernsthaft über ihre Beziehung sprechen können. Dabei sehen sie ihre tatsächlichen Reaktionen, Empfindlichkeiten und Barrieren nicht als Phantasie und nicht verdreht, um dem anderen zu gefallen, und nicht unterdrückt, um den anderen zu beschwichtigen.

Sicherlich ist dies die Aufgabe einer Schule: dem Schüler helfen, seine Intelligenz zu wecken und die hohe Bedeutung rechter Beziehung verstehen zu lernen.

Angst

Wie es scheint, wenden die meisten Leute sehr viel
Zeit dafür auf, eine nur verbale Klarheit in der Diskussion herzustellen, aber sie erfassen die Tiefe und
den Inhalt jenseits der Worte anscheinend nicht. Indem sie versuchen, verbale Klarheit zu schaffen, wird
ihr Geist mechanisch, ihr Leben oberflächlich und
sehr oft widerspruchsvoll. In diesen Briefen geht es
uns nicht um verbales Verstehen, sondern um die täglichen Fakten unseres Lebens. Dies ist der Hauptge-
genstand all dieser Briefe: nicht die verbale Erklärung
einer Tatsache, sondern die Tatsache selbst. Wenn es
uns um verbale Klarheit und damit um die Klarheit
von Ideen geht, spielt sich unser Leben auf der Ebene
von Begriffen und nicht auf der von Tatsachen ab.
Alle Theorien, Prinzipien und Ideale sind begrifflicher
Natur. Konzepte können unehrlich, heuchlerisch und
illusionärer Natur sein. Man kann beliebig viele Konzepte und Ideale haben, jedoch haben sie mit dem
Geschehen unseres täglichen Lebens überhaupt nichts
zu tun. Die Menschen nähren sich von Idealen; je fan-
tastischer sie sind, desto höher stuft man sie ein, aber
nochmals: Das Verstehen alltäglicher Ereignisse ist
weit wichtiger als Ideale. Wenn der Geist mit Konzepten, Idealen usw. vollgestopft ist, kann er der Tatsache, dem wirklichen Geschehen nie richtig ins Auge
schauen. Das Konzept wird eine Blockade. Wenn dies
alles sehr klar verstanden wird – nicht nur intellektuell, begrifflich –, daß es von großer Bedeutung ist,

sich den Tatsachen zu stellen, dann wird das Tatsächliche, das Jetzt, zum zentralen Faktor der Erziehung.

Politik ist eine Art universaler Krankheit, die auf Konzepten beruht, und Religion ist romantischer, imaginärer Emotionalismus. Wenn man beobachtet, was wirklich vor sich geht, so stellt man fest, daß all dies ein Zeichen begrifflichen Denkens ist, womit man das tägliche Elend, die Verwirrung und das Leid unseres Lebens umgeht.

Güte kann sich nicht auf dem Boden der Angst entfalten. Es gibt in diesem Bereich viele Arten von Angst, die Angst des Augenblicks und die Angst davor, was morgen kommen wird. Angst ist kein Konzept, aber die Erklärungen von Angst basieren auf Konzepten, und diese Erklärungen variieren von Pandit zu Pandit oder von einem Intellektuellen zum anderen. Nicht die Erklärung ist wichtig, wichtig ist allein, sich der Angst als Tatsache zu stellen.

In all unseren Schulen haben die Erzieher und die für die Schüler Verantwortlichen − ob sie sich nun im Klassenraum, auf dem Spielplatz oder in ihren Zimmern aufhalten −, darauf zu achten, daß Angst in keiner Form aufkommt. Der Erzieher darf in dem Schüler keine Angst wecken. Dies ist kein Konzept, denn der Erzieher versteht, und zwar nicht nur verbal, daß Angst in jeglicher Form den Geist verkrüppelt, die Empfindsamkeit zerstört und die Sinne einengt. Angst ist die schwere Bürde, die der Mensch immer getragen hat. Aus Angst erheben sich die verschiedenen Formen des religiösen, wissenschaftlichen und imaginären Aberglaubens. Man lebt in einer Scheinwelt, und der Kern der Begriffswelt ist aus Angst geboren. Wie wir bereits sagten, kann der Mensch nicht ohne Beziehung leben, und Beziehung besteht nicht nur in seinem eigenen Privatleben, sondern wenn er Erzieher ist, dann hat er auch eine direkte Beziehung zum Schüler. Besteht darin irgendeine Art der Angst, kann der Lehrer dem Schüler unmöglich helfen, sich von der Angst zu befreien. Der Schüler kommt aus einer Umwelt, die aus Angst, Autorität und allen möglichen fantasierten und wirklichen Eindrücken und Zwängen besteht. Auch der Erzieher hat seine eigenen Zwänge und Ängste. Er wird nicht bewirken können, daß die Schüler das Wesen der Angst verstehen, wenn er die Wurzeln seiner eigenen Ängste nicht freigelegt hat. Es ist nicht so, daß er sich zuerst von seiner Angst befreien muß, um dem Schüler helfen zu können, angstfrei zu sein, sondern vielmehr so, daß der Erzieher in der täglichen Beziehung, im Gespräch mit der Klasse aufzeigt, daß er selbst, genauso wie der Schüler, Angst hat. So kann man gemeinsam das ganze Wesen und die Struktur der Angst erforschen. Es muß klargestellt werden, daß dies aber keiner Beichte von seiten des Lehrers gleichkommt. Er spricht ohne emotionelle oder persönliche Betonung einfach einen Sachverhalt aus. Das gleicht einem Gespräch unter guten Freunden, das eine gewisse Ehrlichkeit und Demut erfordert. Demut ist keine Unterwürfigkeit, nicht ein Gefühl des Defätismus; Demut kennt weder Arroganz noch Stolz. Daher hat der Lehrer eine ungeheure Verantwortung, denn sein Beruf ist der großartigste. Er soll eine neue Generation in der Welt hervorbringen — was wiederum eine Tatsache und kein Konzept ist. Sie können aus einer Tatsache ein Konzept machen und sich erneut in Konzeptionen verlieren, das Tatsächliche aber bleibt immer bestehen. Sich der Tatsache zu stellen, dem Jetzt, der Angst, ist die höchste Aufgabe des Erziehers — und nicht, lediglich hervorragende akademische Leistungen zustande zu bringen —, denn weit wichtiger ist die eigene psychologische Freiheit und die des Schülers. Wenn das Wesen der Freiheit verstanden worden ist, beendet man jeglichen Wettstreit, auf dem Spielplatz wie im Klassenzimmer. Ist es möglich, die vergleichende Wertung akademischer oder ethischer Art gänzlich auszuschalten? Ist es möglich, dem Schüler zu helfen, im akademischen Bereich nicht konkurrierend zu denken und dennoch in seinen Studien und in seinem Handeln im täglichen Leben vorzüglich zu sein? Bitte bedenken Sie, daß es uns um das Erblühen der Güte geht − was unmöglich geschehen kann, solange noch irgendeine Form des Wettbewerbs besteht. Wettbewerb besteht nur dort, wo Vergleich ist, und Vergleich bewirkt nichts Hervorragendes. Diese Schulen sind in erster Linie dazu da, sowohl dem Lehrer als auch dem Schüler zu helfen, in Güte aufzublühen. Das verlangt Außergewöhnliches im Verhalten, im Handeln und in Beziehungen. Darin besteht die Absicht, mit der unsere Schulen ins Leben gerufen wurden: nicht einfach Karrieristen zu produzieren, sondern einen exzellenten Geist hervorzubringen.

In unserem nächsten Brief werden wir uns weiter mit dem Wesen der Angst beschäftigen; nicht mit dem Wort Angst, sondern mit der tatsächlichen Angst.

Tradition, Angst und Intelligenz

Wissen führt nicht zu Intelligenz. Wir sammeln über so vieles eine Menge Wissen an, und doch scheint es unmöglich, mit dem Erlernten intelligent zu handeln. In Schulen, Hochschulen und Universitäten wird Wissen über unser Verhalten, über das Universum, über Wissenschaft und jede Art technologischer Information kultiviert. Diese Erziehungszentren helfen dem Menschen kaum, ein hervorragendes Leben im Alltag zu führen. Gelehrte behaupten, Menschen könnten sich nur durch enormes Ansammeln von Information und Wissen entwickeln. Der Mensch hat Tausende und Abertausende von Kriegen überlebt, er hat eine Menge Wissen über Tötungsmethoden gespeichert, und doch hindert ihn gerade dieses Wissen daran, Kriege ein für allemal zu beenden. Wir akzeptieren den Krieg als eine Art des Lebens und all die Brutalitäten, die Gewalt und das Töten als den normalen Lauf unseres Lebens. Wir wissen, daß wir einander nicht töten sollten. Dieses Wissen aber steht in keinerlei Beziehung zur Tatsache des Tötens. Es hindert uns nicht daran, Tiere zu töten und die Erde zu zerstören. Wissen kann sich nicht der Intelligenz bedienen, aber Intelligenz kann mit Wissen funktionieren. Zu wissen bedeutet, nicht zu wissen; und die Tatsache zu verstehen, daß das Wissen niemals unsere menschlichen Probleme lösen kann, ist Intelligenz.

Die Erziehung in unseren Schulen fördert nicht nur die Aneignung von Wissen, sondern − was weitaus wichtiger ist — das Wecken jener Intelligenz, die dann das Wissen gebrauchen wird. Es ist niemals umgekehrt. Wir befassen uns in all diesen Schulen damit, die Intelligenz zu erwecken, und darum erhebt sich die unvermeidliche Frage: Wie soll diese Intelligenz geweckt werden? Nach welchem System, mit welcher Methode? Wie soll man sich darin üben? Eben diese Frage zeigt, daß man noch im Bereich des Wissens funktioniert. Mit der Erkenntnis, daß dies eine falsche Frage ist, beginnt das Erwachen der Intelligenz. Die Übung, die Methode, das System in unserem täglichen Leben fördern die Routine sich wiederholender Handlungsweisen und damit einen mechanisierten Geist. Die ständige Aktivität des Wissens, mag es noch so sehr spezialisiert sein, bringt den Geist in ein Geleis, zwängt ihn in eine beengte Lebensweise. Indem man lernt, zu beobachten und die ganze Struktur des Wissens zu verstehen, beginnt man, die Intelligenz zu wecken.

Unser Geist lebt in der Tradition. Schon die Bedeutung des Wortes »überliefern« leugnet Intelligenz. Es ist leicht und bequem, der Tradition zu folgen — sei es nun eine politische, religiöse oder eine selbst erfundene Tradition —, man braucht dann nicht mehr darüber nachzudenken und sie nicht in Frage zu stellen. Es gehört zur Tradition, daß man akzeptiert und gehorcht. Je älter die Kultur, um so stärker ist der Geist an die Vergangenheit gebunden und lebt in der Vergangenheit. Dem Ende der einen Tradition wird unweigerlich die Auflage einer anderen Tradition folgen. Ein Geist, der viele Jahrhunderte einer bestimmten Tradition hinter sich hat, weigert sich, das Alte fallen zu lassen. Er akzeptiert das nur, wenn eine andere Tradition entsteht, die ihm ebensoviel Befriedigung und Geborgenheit bietet. Tradition in all ihren verschiedenen Formen — von der religiösen bis zur akademischen — muß Intelligenz leugnen. Intelligenz ist unbegrenzt. Wissen — und sei es noch so umfangreich — ist wie die Tradition begrenzt. In unseren Schulen muß der Mechanismus beobachtet werden, wie der Geist die Gewohnheiten bildet, und diese Beobachtung belebt die Intelligenz.

Es gehört zur Tradition des Menschen, Angst zu akzeptieren. Wir leben mit der Angst — die ältere Generation ebenso wie die jüngere. Die meisten merken nicht, daß sie in Angst leben. Nur bei einer leichten Krise oder bei einem erschütternden Ereignis wird man sich der ständigen Angst bewußt. Sie ist da. Manche sind sich ihrer bewußt, andere scheuen davor zurück. Die Tradition sagt: Beherrsche die Angst, laufe vor ihr weg, unterdrücke sie, analysiere sie, wirke auf sie ein oder akzeptiere sie. Seit Jahrtausenden haben wir mit der Angst gelebt und scheinen irgendwie damit fertig zu werden. Dies ist das Wesen der Tradition — auf die Angst einzuwirken oder sie zu verdrängen. Man kann sie auch sentimental akzeptieren und nach einer äußeren Hilfe Ausschau halten, die sie auflösen könnte. Religionen entspringen dieser Angst, und das zwanghafte Machtstreben der Politiker ist aus dieser Angst geboren. Jegliche Form des Dominierens über einen anderen gehört zur Natur der Angst. Wenn Mann oder Frau einander besitzen, lauert im Hintergrund die Angst, und diese Angst zerstört jede Form von Beziehung.

Aufgabe des Erziehers ist es, dem Schüler zu helfen, dieser Angst ins Gesicht zu sehen — sei es die Angst vor den Eltern, dem Lehrer oder älteren Kameraden, oder die Angst, allein zu sein, und die Angst vor der Natur. Dies ist der Kernpunkt im Verstehen von Wesen und Struktur der Angst: ihr ins Gesicht zu blikken. Ihr ins Gesicht zu blicken, und zwar nicht abgeschirmt durch Worte, sondern indem man das eigentliche Geschehen der Angst beobachtet, ohne sich davon zu entfernen. Das Sich-Entfernen von der Tatsache heißt, die Tatsache zu verwirren. Unsere Tradition, unsere Erziehung ermuntert uns dazu, die Angst zu beherrschen, hinzunehmen, sie zu leugnen oder sie ganz schlau zu rationalisieren. Können Sie als Lehrer dem Schüler und damit auch sich selbst helfen, sich jedem Problem, das im Leben vorkommt, zu stellen? Im Lernen gibt es weder den Lehrer noch den Schüler. Es gibt nur das Lernen. Um etwas über den gesamten Vorgang der Angst zu lernen, muß man mit Neugierde darangehen, die eine eigene Vitalität hat. Wie ein Kind, das sehr neugierig ist. Diese Neugierde hat Intensität. Es liegt im Wesen der Tradition, das, was wir nicht verstehen, zu erobern, niederzuschlagen, zu zertrampeln — oder es anzubeten. Tradition ist Wissen, und das Ende des Wissens ist die Geburt der Intelligenz.

Kann man nun, indem man erkennt, daß es weder den Unterrichtenden noch den Unterrichteten gibt, sondern nur den Akt des Lernens für den Erwachsenen und für den Schüler, durch direkte Wahrnehmung dessen, was geschieht, etwas über diese Angst und alles, was damit zusammenhängt, lernen? Man kann es, wenn man der Angst gestattet, ihre uralte Geschichte zu erzählen. Hören Sie ihr aufmerksam zu, ohne jede Einmischung, denn sie erzählt Ihnen die Geschichte Ihrer eigenen Angst. Wenn Sie so zuhören, werden Sie entdecken, daß diese Angst nicht von Ihnen verschieden ist. Sie sind genau diese Angst, genau jene Reaktion mit einem damit verknüpften Wort. Das Wort ist nicht wichtig. Das Wort ist Wissen, ist die Tradition. Das Tatsächliche aber, das Jetzt, welches sich ereignet, ist etwas völlig Neues. Es ist die Entdeckung der Neuheit Ihrer eigenen Angst. Sich der Tatsache der Angst gänzlich zu stellen, ohne jeden Denkvorgang, ist das Ende der Angst. Nicht einer besonderen Angst, sondern in dieser Beobachtung wird die eigentliche Wurzel der Angst aufgelöst. Es gibt keinen Beobachter, nur Beobachtung.

Angst ist eine sehr komplizierte Angelegenheit, so alt wie die Berge, so alt wie die Menschheit, und sie hat eine außerordentliche Geschichte zu erzählen. Aber Sie müssen die Kunst des Zuhörens kennen, und in diesem Zuhören liegt große Schönheit. Es gibt nur noch das Zuhören, und die Geschichte existiert nicht mehr.

Verantwortung, Lernen

Das Wort Verantwortung sollte in seiner ganzen Bedeutung verstanden werden. Es kommt von antworten, nicht teilweise antworten, sondern ganz. Das Wort bedeutet auch zurückverweisen: dem Hintergrund gemäß reagieren, das heißt, Bezug nehmen auf die Konditionierung. So wie es allgemein verstanden wird, ist Verantwortlichsein ein Handeln aus der menschlichen Konditionierung. Die Kultur, die Gesellschaft, in der man lebt, prägt auf natürliche Weise den Geist, ob es sich nun um die eigene Kultur handelt oder um eine fremde. Vor diesem Hintergrund reagiert man, und diese Reaktion schränkt unsere Verantwortung ein. Ob man in Indien, Europa oder Amerika oder sonstwo geboren wurde, wird die Reaktion dem religiösen Aberglauben − alle Religionen sind abergläubische Strukturen − oder dem Nationalismus oder wissenschaftlichen Theorien entsprechend ausfallen. Sie bedingen die eigene Reaktion, sie sind immer begrenzt, endlich. Und darum gibt es immer Widerspruch, Konflikt und das Aufkommen von Verwirrung. Dies ist unvermeidlich und bringt Trennung zwischen den Menschen mit sich. Jede Art der Trennung muß nicht nur zu Konflikt oder Gewalt, sondern letztlich auch zu Krieg führen.

Wenn man die tatsächliche Bedeutung des Wortes »verantworten« versteht und sieht, was in der Welt heute vor sich geht, erkennt man, daß Verantwortung heute verantwortungslos geworden ist. Indem wir verstehen, was verantwortungslos ist, werden wir begreifen, was Verantwortung heißt. Verantwortung besteht, wie das Wort andeutet, für das Ganze, nicht für einen selbst, nicht für die eigene Familie, nicht für gewisse Konzepte oder einen Glauben, sondern für die gesamte Menschheit.

Unsere verschiedenen Kulturen haben die Trennung, genannt Individualismus, betont, was zur Folge hat, daß jeder mehr oder weniger das tut, wozu er Lust hat, oder daß er sich seinem eigenen kleinen Talent verpflichtet fühlt, unabhängig davon, wie gewinnbringend oder nützlich das Talent für die Gesellschaft ist. Das bedeutet nicht, was der Totalitarismus uns glauben machen will, nämlich, daß nur der Staat und die Organe, die den Staat repräsentieren, wichtig seien und nicht der einzelne Mensch. Der Staat ist ein Konzept, aber der Mensch, obwohl er in diesem Staate lebt, ist kein Konzept. Angst ist eine Tatsache, kein Konzept.

Ein einzelner Mensch ist psychologisch gesehen die gesamte Menschheit. Er repräsentiert sie nicht nur, er ist die Gesamtheit der menschlichen Art. Dem Wesen nach ist der Mensch die gesamte Psyche der Menschheit. Diese Tatsache haben verschiedene Kulturen durch die Illusion ersetzt, daß die Menschen verschieden voneinander seien. In dieser Illusion war die Menschheit Jahrhunderte lang gefangen, und diese Illusion ist zur Realität geworden. Beobachtet man die eigene psychische Struktur ganz genau, wird man herausfinden, daß man genauso, wie die gesamte Menschheit, nur in unterschiedlichem Ausmaß leidet. Wenn man einsam ist, so kennt die ganze Menschheit diese Einsamkeit. Qual, Eifersucht, Neid und Angst sind allen vertraut. Man ist also innerlich, psychisch wie jeder andere Mensch, wenn auch physische, biologische Unterschiede bestehen mögen. Man ist groß oder klein usw., aber grundsätzlich ist man Repräsentant der gesamten Menschheit. Also sind Sie psychologisch gesehen die Welt. Sie sind verantwortlich für die ganze Menschheit, nicht für sich allein als Einzelmensch – das ist eine psychologische Illusion. Als Repräsentant der gesamten menschlichen Art ist Ihre Antwort vollständig, nicht partiell. Damit bekommt Verantwortung eine völlig andere Bedeutung. Die Kunst dieser Verantwortung muß man lernen. Erfaßt man die volle Bedeutung der Tatsache, daß man psychologisch gesehen die Welt ist, wird diese Verantwortung zu überwältigender Liebe. Dann wird man sich um das Kind sorgen, und zwar nicht nur im zarten Alter, sondern man wird darauf achten, daß es für sein ganzes Leben die Bedeutung der Verantwortung versteht. Diese Kunst schließt das Verhalten, die Art des Denkens und die große Bedeutung korrekten Handelns mit ein. In diesen unseren Schulen ist die Verantwortung der Erde und der Natur gegenüber und die Verantwortung für einander Teil unserer Erziehung – nicht bloß die Betonung akademischer Fächer, obwohl auch sie nötig sind.

Dann erst können wir fragen: Was unterrichtet der Lehrer, und was empfängt der Schüler, oder weiter gefaßt: Was heißt Lernen? Was ist die Funktion eines Erziehers? Besteht sie nur darin, Algebra und Physik zu lehren, oder soll der Lehrer im Schüler und damit ebenso in sich selbst dieses enorme Gefühl der Verantwortlichkeit wecken? Lassen sich die beiden vereinen: die akademischen Fächer, die helfen werden, eine berufliche Laufbahn einzuschlagen, und jene Verantwortung für das Ganze der Menschheit und des Lebens? Oder muß man sie auseinanderhalten? Wenn sie getrennt sind, wird es in seinem Leben Widerspruch geben, der Schüler wird zum Heuchler und bewußt oder unbewußt sein Leben in zwei verschiedene Sparten aufteilen. Die Menschheit lebt in dieser Spaltung. Zu Hause verhält man sich so, und in der Fabrik oder im Büro setzt man eine andere Maske auf. Wir haben gefragt, ob sich beides miteinander vereinbaren läßt. Ist das möglich? Wird eine Frage dieser Art gestellt, muß man die darin verwobenen Schwierigkeiten sehen und nicht einfach behaupten, es sei möglich oder nicht. Es ist also von größter Wichtigkeit, wie Sie sich dieser Frage nähern. Nähern Sie sich ihr von Ihrem begrenzten Hintergrund aus − und jede Konditionierung ist begrenzt −, wird man diese Schwierigkeiten nur teilweise erfassen. Sie müssen ganz frisch auf diese Frage zukommen. Dann werden Sie die Vergeblichkeit dieser Frage feststellen, denn wenn Sie frisch darangehen, werden Sie sehen, daß sich diese beiden treffen wie zwei Flüsse zu einem mächtigen Strom, der Ihr Leben ist: Ihr tägliches Leben in totaler Verantwortlichkeit.

Ist es dies, was Sie lehren? Und erkennen Sie dabei, daß ein Lehrer den höchsten aller Berufe ausübt? Dies sind keine leeren Worte, es ist eine beständige Tatsache, über die man nicht leicht hinweggehen kann. Wenn Sie diese Wahrheit nicht empfinden, sollten Sie wirklich einen anderen Beruf ergreifen. Dann werden Sie in den Illusionen leben, die sich die Menschheit selbst geschaffen hat.

Wir können also erneut fragen: Was lehren Sie, und was lernt der Schüler? Schaffen Sie diese besondere Atmosphäre, in der wirkliches Lernen stattfindet? Wenn Sie diese enorme Verantwortung und die Schönheit darin erkannt haben, sind Sie für den Schüler voll verantwortlich − wie er sich kleidet, wie er ißt, für die Art, wie er spricht usw.

Aus dieser Frage erhebt sich eine andere: Was ist Lernen? Wahrscheinlich haben die meisten von uns diese Frage nicht einmal gestellt, und wenn doch, dann kommt unsere Antwort aus der Tradition, die angesammeltes Wissen ist, ein Wissen, das wir mit oder ohne Geschick anwenden, um unseren täglichen Lebensunterhalt zu verdienen. Das ist es, was uns gelehrt wurde, und dazu bestehen alle normalen Schulen, Hochschulen und Universitäten. Wissen herrscht vor, das ist eine unserer stärksten Konditionierungen, und deshalb ist das Gehirn niemals frei von dem ihm bereits Bekannten. Immer fügt es dem, was es schon weiß, etwas hinzu, so daß das Gehirn in die Zwangsjacke des Bekannten gesteckt wird und niemals frei ist, eine Lebensweise zu entdecken, die vielleicht überhaupt nicht auf dem Bekannten basiert. Das Bekannte schafft eine breite oder enge Spur, und in dieser bleibt man und denkt, daß darin Sicherheit liege. Diese Sicherheit wird gerade durch das begrenzte Wissen zerstört. So war die Art des menschlichen Lebens bis zum heutigen Tag.

Gibt es also eine Art des Lernens, die das Leben nicht in einer Routine, einer engen Spur verlaufen läßt? Was ist dann Lernen? Man muß sich über das Wesen des Wissens sehr klar sein: Man eignet sich Wissen an und handelt dann aus diesem Wissen heraus – technologisch ebenso wie psychologisch –, oder man handelt und erwirbt durch dieses Handeln Wissen. Beides ist die Aneignung von Wissen. Wissen ist immer die Vergangenheit. Gibt es eine Möglichkeit, ohne das enorme Gewicht des angesammelten Wissens der Menschheit zu handeln? Es gibt sie. Es ist nicht Lernen, wie wir es bereits gekannt haben, sondern es ist reine Beobachtung, – eine Beobachtung, die nicht kontinuierlich ist und dann zu Wissen wird, sondern eine Beobachtung von Augenblick zu Augenblick. Der Kern des Wissens ist der Beobachter, und er prägt dem, was er beobachtet, das auf, was er sich durch Erfahrung und die verschiedenen Formen sinnlicher Reaktionen angeeignet hat. Der Beobachter manipuliert immer das, was er beobachtet, und was er beobachtet, wird immer zu Wissen reduziert. So bleibt er immer in der alten Tradition befangen und bildet Gewohnheiten.

Lernen ist also reine Beobachtung — nicht nur der Dinge, die äußerlich vor sich gehen, sondern auch derjenigen, die sich innerlich abspielen; zu beobachten ohne den Beobachter.

Lernen, Muße

Leben ist Lernen. Es gibt keinen Augenblick, in dem kein Lernen stattfindet. Jede Handlung ist ein Lernvorgang, und jede Beziehung ist Lernen. Das Speichern von Wissen, das Lernen genannt wird und woran wir so gewöhnt sind, ist in einem begrenzten Ausmaß notwendig; aber jene Begrenztheit verhindert, daß wir uns selbst verstehen. Wissen ist mehr oder weniger meßbar, im Lernen aber gibt es kein Maß. Es ist wirklich sehr wichtig, das zu verstehen, besonders, wenn Sie die volle Bedeutung eines religiösen Lebens erfassen wollen. Wissen ist Erinnerung, aber wenn Sie das, was augenblicklich geschieht, beobachten, ist das Jetzt nicht Erinnerung. Im Beobachten gibt es keinen Raum für Erinnerung. Das Augenblickliche ist das, was augenblicklich geschieht. Die Sekunde danach ist meßbar, und darin liegt das Wesen von Erinnerung.

Die Bewegungen eines Insekts zu beobachten, erfordert Aufmerksamkeit — das heißt, wenn Sie an der Beobachtung des Insekts interessiert sind, oder was Sie auch interessieren mag. Diese Aufmerksamkeit ist wiederum nicht meßbar. Es liegt in der Verantwortung des Erziehers, die ganze Natur und Struktur der Erinnerung zu verstehen, deren Begrenztheit zu beobachten und dem Schüler zu helfen, sie zu sehen. Wir lernen aus Büchern oder von einem Lehrer, der sehr viel Information über ein Fachgebiet besitzt, und unser Gehirn wird mit dieser Information angefüllt. Diese Information bezieht sich auf Dinge, auf die Natur, auf alles außerhalb unserer selbst, und wenn wir etwas über uns selbst lernen wollen, wenden wir uns Büchern zu, die uns etwas über uns selbst sagen. So geht dieser Prozeß endlos weiter, und allmählich werden wir Menschen aus zweiter Hand. Dies ist eine Tatsache, die in aller Welt zu beobachten ist, und das ist unsere moderne Erziehung.

Wie wir gezeigt haben, ist der Akt des Lernens ein Akt reiner Beobachtung, und diese Beobachtung wird nicht innerhalb der Grenzen der Erinnerung festgehalten. Wir lernen, unseren Lebensunterhalt zu verdienen, aber wir leben nie. Unseren Lebensunterhalt verdienen zu können, nimmt fast unser ganzes Leben in Anspruch, und wir haben kaum Zeit für etwas anderes. Wir finden noch Zeit zum Klatschen, unterhalten zu werden, zu spielen, aber all das ist nicht Leben. Der ganze Bereich des tatsächlichen Lebens wird völlig vernachlässigt.

Um die Kunst des Lebens zu erlernen, muß man Muße haben. Das Wort Muße wird vielfach mißverstanden, wie wir in unserem dritten Brief sagten. Im allgemeinen bedeutet es, nicht mit den Dingen beschäftigt zu sein, die man tun muß: den Lebensunterhalt zu verdienen, ins Büro, in die Fabrik zu gehen usw., und erst danach hat man Freizeit und Muße. Während jener sogenannten Mußestunden wollen Sie sich amüsieren, sich entspannen, und Sie wollen dann die Dinge tun, die Sie wirklich mögen oder die Ihr höchstes Können verlangen. Das Verdienen des Lebensunterhalts — wie auch immer — steht im Gegensatz zur sogenannten Freizeit. Also gibt es ständig diesen Streß, die Anspannung und die Flucht aus dieser Anspannung. Muße bedeutet für Sie, keine Belastung zu haben. Während dieser Freizeit nehmen Sie eine Zeitung zur Hand, schauen in einen Roman, plaudern, spielen usw. Das ist wirklich eine Tatsache. Es spielt sich überall ab. Der Broterwerb ist eine Absage an das Leben.

Also kommen wir zu der Frage: Was ist Muße? Allgemein versteht man darunter, daß der Zwang zum Broterwerb zeitweise entfällt. Den Zwang zum Broterwerb oder jeden anderen uns auferlegten Zwang halten wir gewöhnlich für entgangene Freizeit, aber es gibt in uns — bewußt oder unbewußt — einen viel stärkeren Zwang: Es ist das Verlangen. Damit werden wir uns später befassen.

Die Schule ist ein Ort der Muße. Nur wenn Sie Muße haben, können Sie wirklich lernen. Das heißt: Lernen kann nur dann stattfinden, wenn keinerlei Zwang besteht. Wenn Sie mit einer Schlange oder sonst einer Gefahr konfrontiert werden, ergibt sich eine Art Lernen aus dem Zwang der Tatsache dieser Gefahr. Lernen unter diesem Zwang bedeutet, das Gedächtnis auszubilden, das Ihnen hilft, eine zukünftige Gefahr zu erkennen. Somit wird Lernen zu einer mechanischen Reaktion.

Muße bedeutet, einen nicht beschäftigten Geist zu haben. Nur dann tritt der Zustand des Lernens ein. Die Schule ist ein Ort des Lernens und nicht nur der Wissensansammlung. Das zu verstehen ist wirklich wichtig. Wie gesagt, Wissen ist notwendig und hat im Leben seinen eigenen begrenzten Stellenwert. Unglücklicherweise hat diese Begrenztheit unser gesamtes Leben verschlungen, und wir haben keinen Raum, um zu lernen. Wir sind mit unserem Lebensunterhalt derart beschäftigt, daß dies die ganze Energie des Denkmechanismus beansprucht, so daß wir am Ende des Tages erschöpft sind und eine Stimulierung brauchen. Wir erholen uns von diesem Erschöpftsein durch Unterhaltung — religiöser oder anderer Art. So ist das Leben der Menschen. Der Mensch hat eine Gesellschaft geschaffen, die seine ganze Zeit, seine ganze Energie, sein gesamtes Leben beansprucht. Es gibt keine Muße, um zu lernen, und so wird das Leben mechanisch und fast sinnlos. Wir müssen also die Bedeutung des Wortes Muße sehr klar verstehen als eine Zeit, eine Phase, in der der Geist mit gar nichts beschäftigt ist. Es ist die Zeit des Beobachtens. Nur der nicht beschäftigte Geist kann beobachten. Freie Beobachtung ist der Vorgang des Lernens. Darin hört der Geist auf, mechanisch zu sein.

Kann nun der Lehrer, der Erzieher, dem Schüler helfen, diese ganze Sache des Broterwerbs mit all seinen Zwängen zu verstehen — das Lernen, das zu einem Job verhilft, mit all den Ängsten und Sorgen und den Schreckensgedanken an den folgenden Tag? Kann der Lehrer, weil er selbst die Natur der Muße und der reinen Beobachtung verstanden hat und daher der Broterwerb für ihn nicht zur Qual, zur lebenslangen Plackerei wird, dem Schüler helfen, einen nicht mechanisierten Geist zu haben? Es ist die umfassende Verantwortung des Lehrers, die Entfaltung der Güte in Muße zu kultivieren. Dafür gibt es diese Schulen. Es ist die Verantwortung des Lehrers, eine neue Generation hervorzubringen, die diese Gesellschaftsstruktur verändert, in welcher der Broterwerb ganz und gar als Hauptbeschäftigung gilt. Dann ist das Lehren etwas Heiliges.

Mensch und Gesellschaft

In einem unserer letzten Briefe sagten wir, daß die volle Verantwortung Liebe ist. Es ist nicht Verantwortung für eine bestimmte Nation, eine bestimmte Gruppe, Gemeinschaft oder eine spezielle Gottheit, nicht für irgendein politisches Programm, für Ihren eigenen Guru, sondern für die gesamte Menschheit. Das muß man zutiefst verstehen und empfinden, und darin liegt die Verantwortung des Erziehers. Wir fühlen uns fast alle für unsere Familie, unsere Kinder usw. verantwortlich, aber wir fühlen uns der Umwelt und der Natur gegenüber nicht gänzlich betroffen und verpflichtet und für unser Handeln voll verantwortlich. Dieses absolute Besorgtsein ist Liebe. Ohne diese Liebe kann es in der Gesellschaft keinen Wandel geben. Die Idealisten, obwohl sie ihr Ideal oder Konzept lieben mögen, haben es nicht geschafft, eine radikal gewandelte Gesellschaft zustande zu bringen. Die Revolutionäre, die Terroristen haben keineswegs die Form der Gesellschaft grundlegend gewandelt. Gewalttätige Revolutionäre haben davon gesprochen, Freiheit für alle Menschen zu schaffen und eine neue Gesellschaft aufzubauen, aber alle Jargons und alle Schlagworte haben den Geist und das Dasein nur weiter gequält. Sie haben die Worte verdreht, damit sie ihrer begrenzten Sichtweise entsprachen. Keine Form der Gewalt hat je die Gesellschaft grundlegend verändert. Große Herrscher haben durch die Autorität einiger weniger Menschen in der Gesellschaft eine Art

Ordnung geschaffen. Sogar die Totalitären haben oberflächlich durch Gewalt und Tortur eine Scheinordnung errichtet. Eine solche Gesellschaftsordnung ist nicht unser Thema.

Wir sagen sehr entschieden und mit allem Nachdruck, daß nur die volle Verantwortung für die gesamte Menschheit — das heißt Liebe — den gegenwärtigen Zustand der Gesellschaft von Grund auf wandeln kann. Wie auch immer das bestehende System in verschiedenen Teilen der Welt geartet sein mag, es ist korrupt, degeneriert und völlig unmoralisch. Sie brauchen sich nur umzusehen, um diese Tatsache zu erkennen. Millionen und Abermillionen werden in aller Welt für die Rüstung ausgegeben, und alle Politiker sprechen über den Frieden, während sie den Krieg vorbereiten. Die Religionen haben immer wieder die Heiligkeit des Friedens verkündet, aber sie haben den Krieg und eine subtile Art der Gewalt und Tortur gefördert. Es gibt unzählige Spaltungen, es gibt die Sekten mit ihren Priestern und Riten und den ganzen Unsinn, der im Namen Gottes und der Religion vor sich geht. Wo Spaltung ist, muß es Unordnung, Kampf und Konflikt geben, ob religiöser, politischer oder ökonomischer Art. Unsere moderne Gesellschaft basiert auf Geiz, Neid und Macht. Wenn Sie all das bedenken, wie es wirklich ist — dieser überwältigende Kommerzialismus —, zeigt sich Degeneration und Unmoral von Grund auf. Die Form unseres Lebens, die die Grundlage der Gesellschaft bildet, radikal zu wandeln, liegt in der Verantwortung des Erziehers. Die Erde und alles, was es auf der Erde gibt, zerstören wir für unsere Befriedigung.

Bildung und Erziehung bedeutet nicht nur, verschiedene akademische Fächer zu unterrichten, sondern volle Verantwortlichkeit im Schüler zu kultivieren. Man ist sich als Erzieher nicht bewußt, daß man eine neue Generation hervorbringt. Die meisten Schulen befassen sich lediglich mit der Wissensvermittlung. Von der Umwandlung des Menschen und seines täglichen Lebens fühlen sie sich überhaupt nicht angesprochen, und Sie – als Erzieher in diesen Schulen – brauchen dieses tiefe Engagement und die Sorgfalt der vollen Verantwortung.

In welcher Weise können Sie dann dem Schüler helfen, diese Qualität der Liebe in ihrer ganzen Außerordentlichkeit zu empfinden? Wenn Sie es nicht zutiefst selbst fühlen, ist das Reden über Verantwortung bedeutungslos. Können Sie als Erzieher diese Wahrheit empfinden?

Wenn man diese Wahrheit erkennt, bringt das auf ganz natürliche Weise Liebe und umfassende Verantwortung mit sich. Sie müssen darüber nachsinnen, es im täglichen Leben, in der Beziehung zu Ihrer Frau, zu Ihren Freunden, zu Ihren Schülern beobachten. In Ihrer Beziehung zum Schüler werden Sie darüber aus tiefstem Herzen sprechen – und nicht nach nur verbaler Klarheit streben. Das Gefühl für diese Realität ist die größte Gabe, die ein Mensch haben kann, und sobald es einmal in Ihnen brennt, werden Sie die rechten Worte, das rechte Handeln und das korrekte Verhalten finden. Wenn Sie den Schüler betrachten, werden Sie sehen, daß er, wenn er zu Ihnen kommt, darauf völlig unvorbereitet ist. Er kommt verängstigt und nervös zu Ihnen, bemüht sich zu gefallen oder zieht sich in die Defensive zurück. Er ist durch seine Eltern und die Gesellschaft, in der er seine wenigen Jahre gelebt hat, geprägt. Sie müssen seinen Hintergrund sehen, Sie müssen sich darum kümmern, was er tatsächlich ist, und Sie dürfen ihm nicht Ihre Meinungen, Schlußfolgerungen und Urteile auferlegen.

Wenn Sie beachten, was er ist, wird sich enthüllen, was Sie sind, und dann werden Sie entdecken, daß der Schüler ist wie Sie.

Können Sie nun, wenn Sie Mathematik, Physik usw. unterrichten — was der Schüler können muß, um seinen Lebensunterhalt zu verdienen —, dem Schüler vermitteln, daß er für die gesamte Menschheit verantwortlich ist? Obwohl er vielleicht für seine eigene berufliche Laufbahn, seine eigene Art zu leben, arbeitet, wird das seinen Geist nicht einengen. Er wird die Gefahren der Spezialisierung mit all ihren Begrenzungen und ihrer seltsamen Brutalität erkennen. Sie müssen ihm helfen, das alles zu sehen. Das Aufblühen der Güte liegt nicht in der Kenntnis von Mathematik und Biologie, nicht im Ablegen von Prüfungen oder in einer erfolgreichen Karriere. Güte existiert jenseits dieser Dinge, und wenn sie sich entfaltet, werden Karriere und andere notwendige Aktivitäten von ihrer Schönheit berührt. Zur Zeit betonen wir das eine und vernachlässigen das Erblühen völlig. In diesen Schulen versuchen wir, beides zu vereinen: nicht künstlich, nicht als Prinzip oder Schema, dem man zu folgen hat, sondern weil Sie die absolute Wahrheit erkennen, daß beides um der Regeneration des Menschen willen zusammenfließen muß.

Können Sie das? Und zwar nicht, weil Sie dem Ganzen nach einer Diskussion zustimmen und zu einer Schlußfolgerung kommen, sondern vielmehr, weil Sie mit einem inneren Auge den außerordentlichen Ernst dieser Sache sehen: für sich selbst sehen. Dann wird das, was Sie sagen, von Bedeutung sein. Sie werden dann zu einem Lichtzentrum, das nicht von einem anderen entzündet wurde. Da Sie die ganze Menschheit sind, was eine Tatsache und nicht nur eine verbale Behauptung ist, sind Sie höchst verantwortlich für die Zukunft des Menschen. Bitte betrachten Sie das nicht als eine Last. Wenn Sie das tun, ist diese Last nichts weiter als ein Bündel von Worten ohne jegliche Realität. Es ist eine Illusion. Die Verantwortung entwickelt ihre eigene Heiterkeit, ihren eigenen Humor, ihre eigene Dynamik ohne das Gewicht der Gedanken.

Sorgfalt und Nachlässigkeit

Wenn wir uns mit Erziehung befassen, dürfen wir zwei Dinge nicht aus den Augen verlieren: Das eine ist Sorgfalt, und das andere ist Nachlässigkeit. Die meisten Religionen haben sich mit der Aktivität des Geistes befaßt: Er müsse durch den Willen Gottes oder durch einen anderen äußeren Einfluß kontrolliert, geformt werden. Und die Hingabe an eine vom Verstand oder von Hand geschaffene Gottheit bedarf einer gewissen Aufmerksamkeit, in der Emotionen, Sentimentalität und romantische Fantasie mitschwingen. Dies ist die Aktivität des Verstandes, das Denken. Das Wort Sorgfalt bedeutet Fürsorge, Achtsamkeit, Beobachtung sowie ein tiefes Gefühl von Freiheit. Hingabe an einen Gegenstand, an eine Person oder ein Prinzip leugnet diese Freiheit. Sorgfalt bedeutet Aufmerksamkeit, die auf natürliche Weise unendliche Fürsorge, Anteilnahme und die Frische der Zuneigung mit sich bringt. Dies alles erfordert große Empfindsamkeit. Man ist seinem eigenen Verlangen oder seinen psychologischen Verletzungen gegenüber empfindlich oder auch empfindsam einer bestimmten Person gegenüber, deren Wünsche und Bedürfnisse man wahrnimmt und ihnen rasch entspricht. Aber diese Art der Empfindsamkeit ist sehr beschränkt, und man kann es kaum als solche bezeichnen. Die Qualität der Empfindsamkeit, von der wir sprechen, kommt auf natürliche Weise zustande, sobald volle Verantwortlichkeit, das heißt Liebe, besteht. Sorgfalt hat diese Qualität.

Nachlässigkeit ist Gleichgültigkeit, Trägheit; Gleichgültigkeit gegenüber dem physischen Organismus, der psychologischen Verfassung und Gleichgültigkeit anderen gegenüber. Gleichgültigkeit bedeutet Abgestumpftheit. In dieser Phase wird der Geist träge, die Aktivität des Denkens verlangsamt sich, die Schnelligkeit der Wahrnehmung wird unterbunden, und Empfindsamkeit wird etwas Unbegreifliches. Die meisten von uns handeln manchmal sorgfältig, meistens aber nachlässig. Beides sind keine echten Gegensätze. Wäre dem so, würde Sorgfalt immer noch Nachlässigkeit bedeuten. Entspringt Sorgfalt aus der Nachlässigkeit? Wenn ja, ist Sorgfalt noch Teil der Nachlässigkeit und daher keine wahre Sorgfalt.

Die meisten Menschen handeln sorgfältig aus Eigeninteresse, ob sich dieses Eigeninteresse nun auf die Familie, eine besondere Gruppe, eine Sekte oder eine Nation bezieht. In diesem Eigeninteresse liegt die Saat der Nachlässigkeit, obwohl man laufend mit sich selbst beschäftigt ist. Dieses Beschäftigtsein ist begrenzt und daher Nachlässigkeit. Solches Beschäftigtsein ist Energie, die in engen Grenzen gehalten wird. Sorgfalt bedeutet, von der Beschäftigung mit sich selbst frei zu sein, und bringt eine Fülle von Energie. Wenn man das Wesen der Nachlässigkeit verstanden hat, entsteht das andere ohne jeglichen Kampf. Wenn dies voll verstanden wird — nicht nur als Wort-Definition von Sorgfalt und Nachlässigkeit —, dann wird sich Vortrefflichkeit in unserem Denken, unserem Handeln und unserem Verhalten zeigen. Unglücklicherweise aber verlangen wir niemals von uns selbst höchste Qualität des Denkens, des Handelns und des Verhaltens. Wir fordern uns kaum je selbst heraus, und wenn wir es tun, finden wir zahllose Entschuldigungen, dafür warum wir der Herausforderung nicht voll entsprechen. Zeigt das nicht eine Lässigkeit des Geistes an, eine kraftlose Aktivität des Denkens? Der Körper kann faulenzen, niemals aber der Geist, wenn das Denken mit Schnelligkeit und Subtilität arbeitet. Die körperliche Faulheit kann man leicht verstehen. Diese Faulheit kann daher rühren, daß man überarbeitet ist, sich allzusehr hat gehenlassen oder zu viel Sport getrieben hat. Darum verlangt der Körper nach Ruhe, was als Faulheit betrachtet werden könnte, obwohl es keine ist. Der aufmerksame Geist, der wach und empfindsam ist, weiß, wann der Organismus Ruhe und Pflege braucht.

In unseren Schulen müssen wir begreifen, daß rechte Nahrung, rechte Leibesübung und ausreichender Schlaf für jene Intensität, die Sorgfalt ist, erforderlich sind. Gewohnheit und Routine sind Feinde der Sorgfalt — Gewohnheit im Denken, Handeln und Verhalten. Das Denken schafft selbst seine eigene Schablone und lebt darin. Stellt man diese Schablone in Frage, so wird das entweder nicht beachtet, oder das Denken schafft sich eine neue Schablone der Sicherheit. Das ist der Denkvorgang — von einer Schablone, von einer Schlußfolgerung zur anderen, von einem Glaubensinhalt zum anderen. Das ist die eigentliche Nachlässigkeit des Denkens. Der rege Geist hat keine Angewohnheiten, keine Reaktionsmuster. Unaufhörlich in Bewegung, fällt er nie in Gewohnheiten und verfängt sich nicht in Schlußfolgerungen. Die Bewegung hat große Tiefe, großen Umfang, wenn ihr durch die Nachlässigkeit des Denkens keine Grenzen gesetzt werden.

Da wir uns nun mit Erziehung befassen: Auf welche Weise kann der Lehrer diese Sorgfalt mit der darinliegenden Empfindsamkeit und der Fülle der Fürsorge, worin die Trägheit des Geistes keinen Platz hat, vermitteln? Natürlich versteht es sich von selbst, daß sich der Erzieher mit dieser Frage bereits beschäftigt hat, daß er die Bedeutung der Sorgfalt für sein ganzes Leben einsieht. Hat er das getan, wie wird er dann daran gehen, diese Blume der Sorgfalt zu pflegen? Ist er am Schüler zutiefst interessiert? Übernimmt er wirklich die volle Verantwortung für diese jungen Leute, die in seiner Obhut stehen? Oder ist er nur da, um seinen Lebensunterhalt zu verdienen, gefangen im Elend, wenig zu besitzen? Wie wir in früheren Briefen sagten, ist Lehren das höchste Vermögen des Menschen. Sie stehen da und haben die Schüler vor sich. Sind Sie vielleicht gleichgültig? Wird vielleicht durch Ihre eigenen persönlichen Sorgen zu Hause Ihre Energie vergeudet?

Psychologische Probleme von einem Tag zum anderen mitzuschleppen, ist äußerste Energievergeudung und zeugt von Nachlässigkeit. Ein reger Geist begegnet dem Problem in dem Augenblick, in dem es sich erhebt, beobachtet seine Beschaffenheit und löst es augenblicklich. Das Weiterschleppen eines psychologischen Problems löst das Problem nicht. Es ist nur Vergeudung der Energie und des Geistes. Wenn Sie die Probleme lösen, sobald sie sich erheben, werden Sie feststellen, daß es überhaupt keine Probleme gibt.

Wir müssen also zu der Frage zurückkehren: Kann ein Erzieher an diesen oder anderen Schulen diese Sorgfalt kultivieren? Nur dadurch kommt das Aufblühen der Güte zustande. Das ist Ihre volle, unwiderrufliche Verantwortung, und darin liegt die Liebe, die auf natürliche Weise einen Weg finden wird, dem Schüler zu helfen.

Geborgenheit und Freiheit

Es ist wichtig, daß sich der Lehrer an diesen Schulen wirtschaftlich und auch psychologisch sicher fühlt. Manche Lehrer sind vielleicht bereit zu lehren, ohne allzu besorgt um ihre wirtschaftliche Lage zu sein; sie sind vielleicht wegen der Lehre und aus psychologischen Gründen gekommen, jedoch sollte sich jeder Lehrer sicher fühlen im Sinne von zu Hause sein, versorgt, ohne wirtschaftliche Sorgen. Wenn der Lehrer sich selbst nicht sicher fühlt und er daher nicht frei ist, dem Schüler und dessen Sicherheit seine Aufmerksamkeit zu widmen, dann wird er nicht vollständig verantwortlich sein können. Ist er selbst nicht glücklich, wird seine Aufmerksamkeit geteilt sein, und er wird daher nicht in der Lage sein, sein volles Können zu entfalten.

Daher ist es wichtig, daß wir die richtigen Lehrer auswählen und sie einladen, für einige Zeit an unseren Schulen zu verweilen, um herauszufinden, ob er oder sie sich freudig dem anschließen kann, was hier getan wird. Dies muß auf Gegenseitigkeit beruhen. Dann kann der Lehrer, der sich wie zu Hause glücklich und geborgen fühlt, auch in dem Schüler diese Qualität der Geborgenheit hervorbringen, dies Gefühl, daß die Schule sein Zuhause ist.

Sich zu Hause fühlen bedeutet, daß kein Gefühl der Angst aufkommt, daß man physisch beschützt, umsorgt und frei ist, nicht wahr? Der Schüler weist vielleicht den Gedanken, beschützt zu sein, zurück, aber beschützt bedeutet nicht, daß er in einem Gefängnis gehalten, eingesperrt und kritisch beobachtet wird. Freiheit bedeutet ganz offensichtlich nicht, das zu tun, was man mag, und es ist ebenso offensichtlich, daß man nie gänzlich das tun kann, was man möchte. Der Versuch, das zu tun, was man mag – sogenannte individuelle Freiheit, die darin besteht, seine Handlungsweise nach eigenem Verlangen zu wählen –, hat soziale und wirtschaftliche Verwirrung in die Welt gebracht. Die Reaktion auf diese Verwirrung sind die totalitären Systeme.

Freiheit ist eine sehr komplizierte Sache. Man muß sich ihr mit äußerster Achtsamkeit nähern, denn Freiheit ist nicht das Gegenteil von Versklavung oder eine Flucht aus den Umständen, in denen man gefangen ist. Es ist nicht Freiheit von etwas oder das Vermeiden eines Zwanges. Freiheit hat kein Gegenteil; sie besteht aus sich selbst, *per se*. Gerade indem man das Wesen der Freiheit versteht, erwacht die Intelligenz. Es ist keine Anpassung an das, was ist, sondern: indem man das versteht, was ist, geht man darüber hinaus. Wenn der Lehrer das Wesen der Freiheit nicht versteht, wird er dem Schüler nur seine Vorurteile, seine Begrenztheit, seine Schlußfolgerungen auferlegen. Der Schüler wird sich natürlich dagegen sträuben oder es aus Angst hinnehmen und ein konventioneller Mensch werden, ängstlich oder aggressiv. Nur wenn man diese Freiheit des Lebens versteht – nicht die Vorstellung davon oder das verbale Akzeptieren, was dann nur zu einem Schlagwort wird –, ist der Geist frei zu lernen.

Eine Schule ist schließlich ein Ort, an dem der Schüler grundsätzlich glücklich ist, wo er nicht durch Prüfungen geängstigt wird und wo er nicht gezwungen ist, nach einem Muster, einem System zu funktionieren. Es ist ein Ort, an dem die Kunst des Lernens gelehrt wird. Wenn der Schüler nicht glücklich ist, ist er unfähig, diese Kunst zu erlernen.

Auswendig lernen, das Speichern von Information wird als Lernen betrachtet. Dies schafft einen begrenzten und daher stark konditionierten Geist. Kunst des Lernens bedeutet, der Information den ihr gebührenden Platz zu geben, gemäß dem Gelernten geschickt zu handeln, jedoch ohne gleichzeitig durch die Begrenztheit des Wissens oder durch die Bilder und Symbole, die das Denken hervorbringt, psychologisch gebunden zu sein. Kunst bedeutet, allem den richtigen Platz zuzuweisen, und zwar nicht nach einem Ideal. Den Mechanismus von Idealen und Schlußfolgerungen zu verstehen bedeutet, die Kunst des Beobachtens zu erlernen. Ein vom Denken auf die Zukunft hin oder aus der Vergangenheit heraus angelegtes Konzept ist ein Ideal — eine projizierte Idee oder eine Erinnerung. Das ist ein Schattenspiel, das aus dem Tatsächlichen eine Abstraktion macht. In dieser Abstraktion weicht man dem aus, was jetzt gerade geschieht. Die Flucht vor der Tatsache bedeutet Unglücklichsein.

Können wir nun als Lehrer dem Schüler helfen, im wirklichen Sinne glücklich zu sein? Können wir dem Schüler helfen, sich mit dem zu beschäftigen, was tatsächlich vor sich geht? Das ist Achtsamkeit. Der Schüler, der ein Blatt beobachtet, das in der Sonne flattert, ist achtsam. Ihn in diesem Augenblick zu seinem Buch zurückzuzwingen bedeutet, die Achtsamkeit zu verhindern; hingegen das Blatt voll und ganz zu beobachten, läßt ihn die Tiefe der Achtsamkeit wahrnehmen, in der es keine Ablenkung gibt. In gleicher Weise wird der Schüler, der gerade gesehen hat, was Achtsamkeit bedeutet, sich dem Buch oder dem, was gerade gelehrt wird, zuwenden können. In dieser Achtsamkeit gibt es keinen Zwang, keine Anpassung. Das ist Freiheit, die vollständige Beobachtung. Kann der Lehrer selbst diese Qualität der Achtsamkeit haben? Nur dann kann er einem anderen helfen.

Meistens kämpfen wir gegen Ablenkungen. Es gibt keine Ablenkungen. Angenommen, Sie träumen in den Tag hinein oder Ihre Gedanken wandern; das findet doch tatsächlich statt. Beobachten Sie es. Diese Beobachtung ist Achtsamkeit. Also gibt es keine Ablenkung.

Kann dies den Schülern beigebracht werden, kann diese Kunst erlernt werden? Sie sind für den Schüler voll verantwortlich; Sie müssen diese Atmosphäre des Lernens schaffen, eine Ernsthaftigkeit, in der ein Gefühl von Freiheit und Glück liegt.

Ideen und Ideale

Wie wir schon verschiedentlich in diesen Briefen gesagt haben, bestehen diese Schulen in erster Linie zu dem Zweck, eine tiefe Umwandlung des Menschen zu bewirken. Der Erzieher ist dafür voll und ganz verantwortlich. Wenn der Lehrer diesen Kernpunkt nicht erkennt, wird er den Schüler nur unterrichten, damit dieser ein Geschäftsmann, ein Ingenieur, ein Anwalt oder ein Politiker wird. Es gibt so viele, die scheinbar unfähig sind, sich selber oder die Gesellschaft umzuwandeln. Vielleicht sind in der gegenwärtigen Gesellschaftsstruktur Anwälte und Geschäftsleute notwendig, aber diese Schulen wurden in der Absicht gegründet — und das gilt immer noch —, den Menschen in der Tiefe umzuwandeln. Die Lehrer dieser Schulen sollten das wirklich verstehen, nicht intellektuell, nicht als Idee, sondern weil sie mit ihrem ganzen Wesen die volle Bedeutung davon erfassen. Wir sind an der Gesamtentwicklung des Menschen interessiert und nicht nur daran, Wissen zu sammeln.

Ideen und Ideale sind eine Sache und die Tatsache, das wirkliche Geschehen, eine andere. Diese beiden können niemals zusammenkommen. Ideale werden den Tatsachen aufgezwungen und verdrehen das, was geschieht, damit es sich dem, was sein sollte, nämlich dem Ideal, anpaßt. Die Utopie ist ein aus dem Geschehen gezogener Rückschluß, der die Wirklichkeit opfert, damit sie dem entspricht, was idealisiert wurde. Dieser Prozeß geht seit Jahrtausenden vor sich, und Schüler wie Intellektuelle schwelgen in Ideenbildung. Das Ausweichen vor der Wirklichkeit ist der Anfang der geistigen Zersetzung. Diese Zersetzung durchzieht jede Religion, die Politik und die Erziehung und alle menschlichen Beziehungen. Es liegt uns viel daran, diesen Prozeß des Ausweichens zu verstehen und ihn zu überwinden.

Ideale verderben den Geist: Sie werden aus Ideen, Urteilen und Hoffnungen geboren. Ideen sind abstrakte Begriffe von dem, was ist, und jede Idee oder jede Schlußfolgerung über das, was wirklich geschieht, verzerrt das, was geschieht, und so kommt es zur Zersetzung. Die Aufmerksamkeit wendet sich von der Tatsache, von dem, was ist, ab und wendet sich dem Bereich der Fantasie zu. Dieser Vorgang, der von der Tatsache fortführt, läßt Symbole und Vorstellungen entstehen, die dann eine alles überschattende Bedeutung erlangen. Dieser Vorgang, der von der Tatsache wegführt, ist geistige Zersetzung. Die Menschen geben diesem Vorgang in ihrer Unterhaltung, in ihren Beziehungen, in fast allem, was sie tun, nach. Die Tatsache wird augenblicklich in eine Idee oder Schlußfolgerung übersetzt, die dann unsere Reaktionen bestimmt. Sobald man etwas erblickt, formt das Denken sofort das Gegenstück dazu, und das wird das Wirkliche. Man sieht einen Hund, und sofort ist die Vorstellung da, die man über Hunde hat, so daß man den Hund gar nicht sieht.

Kann man das die Schüler lehren: bei der Tatsache, im wirklichen, augenblicklichen Geschehen zu verharren, gleichgültig, ob es psychologischer Art oder äußerlich ist? Wissen besteht nicht als Tatsache, sondern es besteht über die Tatsache, und das hat seinen gebührenden Platz. Aber Wissen verhindert die Wahrnehmung dessen, was tatsächlich da ist. Dann kommt es zur Spaltung.

Es ist wirklich sehr wichtig, dies zu verstehen. Ideale werden als nobel, erhaben, bedeutungsvoll angesehen, und das, was wirklich geschieht, wird als bloß sinnlich, weltlich und von geringem Wert betrachtet. Die Schulen in aller Welt verfolgen einen erhabenen, idealen Zweck, deshalb erziehen sie die Schüler zur Korruption.

Was verdirbt den Geist? Die Verwendung des Wortes Geist schließt hier die Sinne, die Denkfähigkeit und das Gehirn mit ein, welches die Erinnerungen und Erfahrungen als Wissen bewahrt. Alle diese Komponenten sind der Geist. Das Bewußte, das Unbewußte und das sogenannte Überbewußte – dieses Ganze ist der Geist. Wir fragen nach den Faktoren, nach dem Ursprung der Zersetzung in alledem. Wir haben festgestellt, daß Ideale korrumpieren. Auch Wissen zersetzt den Geist. Spezialwissen oder Allgemeinwissen kommt aus der Vergangenheit, und wenn die Vergangenheit die Gegenwart überschattet, nimmt das Verderben seinen Lauf. Wissen, das in die Zukunft projiziert wird und das lenkt, was jetzt geschieht, ist Zersetzung. Wir verwenden das Wort Zersetzung (Korruption), um das zu bezeichnen, was entzweigebrochen, nicht als Ganzes angenommen wird. Die Tatsache kann niemals entzweigebrochen werden. Die Tatsache kann durch Wissen niemals beschränkt werden. Die Vollständigkeit der Tatsache öffnet die Tür in die Unendlichkeit. Vollständigkeit kann nicht geteilt werden, widerspricht sich nicht selbst, kann sich selbst nicht teilen. Vollständigkeit, Ganzheit ist unendliche Bewegung.

Imitation, Anpassung ist einer der wichtigen Faktoren geistiger Zersetzung. Das Vorbild, der Held, der Erlöser, der Guru ist der zerstörerischste Faktor der Korruption. Gefolgschaft, Gehorsam, Anpassung leugnen die Freiheit. Die Freiheit steht am Anfang, nicht am Ende. Es ist nicht so, daß man sich zuerst anpassen, nachahmen, akzeptieren muß, um dann vielleicht die Freiheit zu finden. Das ist der Geist totalitärer Systeme, ob des Gurus oder des Priesters. Dies ist die Grausamkeit, die Rücksichtslosigkeit des Diktators, der Autorität, des Gurus oder des Hohepriesters.

Darum korrumpiert Autorität. Autorität bricht die Integrität entzwei, zerbricht das Ganze, das Vollständige − die Autorität des Lehrers in der Schule, die Autorität eines Zweckes, eines Ideals, eines Jemand, der sagt »ich weiß«, die Autorität einer Institution. Der Druck einer Autorität jeglicher Form ist der entstellende Faktor der Korruption. Grundsätzlich leugnet die Autorität die Freiheit. Es ist die Aufgabe eines wahren Lehrers, ohne den verderbenden Einfluß der Autorität zu lehren, hinzuweisen, zu informieren. Die Autorität des Vergleichens zerstört. Wenn ein Schüler mit einem anderen verglichen wird, werden beide verletzt. Ohne Vergleich zu leben heißt, Integrität zu haben. Werden Sie, der Lehrer, das tun?

Energie, Verletztsein

Die Menschen scheinen über enorme Energie zu verfügen. Sie waren auf dem Mond, haben die höchsten Bergspitzen der Erde erklettert, sie haben ungeheure Energien für Kriege gehabt, für Kriegsinstrumente, und sehr viel Energie für die technologische Entwicklung; Energie, um zu dem enormen Wissen zu gelangen, das der Mensch angesammelt hat, um jeden Tag zu arbeiten, Energie, um die Pyramiden zu bauen und das Atom zu erforschen. Wenn man all das betrachtet, ist es verblüffend zu sehen, wieviel Energie der Mensch aufgewendet hat. Diese Energie wurde für die Erforschung äußerer Dinge benutzt, der Mensch hat jedoch sehr wenig Energie dafür aufgewendet, seine eigene psychologische Struktur zu erforschen. Energie wird sowohl äußerlich als auch innerlich benötigt, um zu handeln oder um vollkommen still zu sein.

Handeln erfordert ebenso wie Nichthandeln viel Energie. Wir haben Energie positiv angewandt in Kriegen, im Schreiben von Büchern, bei chirurgischen Operationen, bei Unterwasserarbeiten im Meer. Nicht-Handeln verlangt viel mehr Energie als das sogenannte Positive. Positives Handeln heißt kontrollieren, unterstützen, flüchten. Nicht-Handeln ist die vollkommene Achtsamkeit der Beobachtung. In dieser Beobachtung macht das, was beobachtet wird, eine Umwandlung durch. Diese stille Beobachtung erfordert nicht nur physische Energie, sondern auch tiefgehende psychologische Energie. Wir sind an erstere gewöhnt, und diese Konditionierung begrenzt unsere Energie. In einer vollkommenen, stillen Beobachtung, die Nicht-Handeln bedeutet, gibt es kein Verausgaben von Energie, und daher ist die Energie grenzenlos.

Nicht-Handeln ist nicht das Gegenteil von Handeln. Tag für Tag zur Arbeit zu gehen, Jahr um Jahr so viele Jahre lang, was, so wie die Dinge liegen, notwendig sein mag, begrenzt unsere Energie — nicht arbeiten aber bedeutet keineswegs, daß Sie grenzenlose Energie haben werden. Gerade die geistige Trägheit ist Energievergeudung, ebenso wie körperliche Faulheit. Unsere Erziehung auf jedem Gebiet engt die Energie ein. Unsere Lebensweise mit ihrem ständigen Kampf, etwas zu werden oder nicht zu werden, ist Energievergeudung.

Energie ist zeitlos und kann nicht gemessen werden. Unsere Handlungen aber sind meßbar, und damit bringen wir diese grenzenlose Energie in den engen Kreis des Ichs herab. Und nachdem wir die Energie eingeschränkt haben, suchen wir nach dem Unermeßlichen. Diese Suche ist ein Teil des positiven Handelns und darum eine Vergeudung psychologischer Energie. Daher gibt es eine endlose Bewegung in den Archiven des Ichs.

Uns geht es bei der Erziehung um die Befreiung des Geistes vom Ich. Wie wir bereits mehrmals in unseren Briefen sagten, ist es unsere Aufgabe, eine neue Generation hervorzubringen, die von dieser begrenzten Energie, die man das Ich nennt, frei ist. Es muß nochmals wiederholt werden, daß diese Schulen bestehen, um das zu bewirken.

In unserem letzten Brief sprachen wir über die Zersetzung des Geistes. Die Wurzel dieser Zersetzung ist das Ich. Das Ich ist die Vorstellung, das Bild, das Wort, das von Generation zu Generation weitergereicht wird, und man hat sich mit dieser Last der Tradition des Ichs abzufinden. Diese Tatsache — nicht die Folgen dieser Tatsache oder die Frage, wie diese Tatsache entstanden ist — ist ziemlich leicht zu erklären; aber diese Tatsache zu beobachten — mit all ihren Reaktionen, ohne Motiv, denn das Motiv verzerrt die Tatsache — ist negatives Handeln. Das wandelt dann die Tatsache um. Es ist wichtig, das sehr gründlich zu verstehen; nicht auf die Tatsache einzuwirken, sondern sie zu beobachten.

Jeder Mensch wird physisch wie auch psychisch verletzt. Es ist vergleichsweise leicht, den körperlichen Schmerz zu behandeln, der psychische Schmerz aber bleibt verborgen. Als Folge der psychischen Verletzung baut man eine Mauer um sich selbst, um weiterem Schmerz auszuweichen, und so wird man ängstlich oder man zieht sich in die Isolation zurück. Die Verletzung ist durch das Bild vom Ich mit seiner begrenzten Energie verursacht worden. Weil es begrenzt ist, wird es verletzt. Das, was unermeßlich ist, kann nie beschädigt werden, nie korrumpiert werden. Alles Begrenzte kann verletzt werden, aber was vollkommen ist, liegt jenseits der Reichweite der Gedanken.

Kann der Erzieher dem Schüler helfen, niemals psychisch verletzt zu werden, nicht nur, solange er zur Schule gehört, sondern während seines ganzen Lebens? Wenn der Lehrer den großen Schaden sieht, den diese Verletzung anrichtet, wie wird er dann den Schüler erziehen? Was wird er wirklich tun, um dafür zu sorgen, daß der Schüler in seinem Leben nie verletzt wird? Der Schüler kommt bereits verletzt zur Schule. Wahrscheinlich ist ihm dieses Verletztsein nicht bewußt. Der Lehrer wird dadurch, daß er die Reaktionen, die Ängste und die Aggressivität des Schülers beobachtet, den bereits erfolgten Schaden entdecken. Er hat also zwei Probleme: Den Schüler von dem vergangenen Schaden zu befreien und künftige Verletzungen zu verhindern. Ist das Ihr Anliegen? Oder lesen Sie nur diesen Brief, verstehen ihn intellektuell, was überhaupt kein Verstehen ist, und sind daher überhaupt nicht an dem Schüler interessiert? Wenn Sie es aber sind, wie es sein sollte, was werden Sie dann mit dieser Tatsache anfangen, daß er verletzt ist und daß Sie um jeden Preis weitere Verletzungen verhindern müssen? Wie werden Sie sich dem Problem nähern? Wie ist Ihr innerer Zustand, wenn Sie sich diesem Problem stellen? Es ist ja auch Ihr Problem, nicht nur das des Schülers. Sie sind verletzt und ebenso der Schüler. Sie sind also beide betroffen: Es ist kein einseitiges Problem. Sie sind genauso darin verstrickt wie der Schüler. Diese Verstrickung ist der Hauptfaktor, den Sie anschauen, beobachten müssen. Nur zu wünschen, von der vergangenen Verletzung frei zu sein, und zu hoffen, nie wieder verletzt zu werden, ist Energievergeudung. Vollkommene Achtsamkeit, die Beobachtung dieser Tatsache wird Ihnen nicht nur die Geschichte der Verletzung selbst erzählen, sondern gerade diese Achtsamkeit beseitigt die Verletzung, wischt sie fort.

Achtsamkeit ist also diese ungeheure Energie, die niemals verletzt oder korrumpiert werden kann. Bitte akzeptieren Sie nicht, was in diesen Briefen gesagt wird. Etwas anzunehmen ist die Zerstörung der Wahrheit. Prüfen Sie es nach — nicht irgendwann in der Zukunft, sondern jetzt, während Sie diesen Brief lesen. Wenn Sie es nachprüfen, nicht beiläufig, sondern mit Ihrem ganzen Herzen und Wesen, werden

Sie selbst die Wahrheit dieser Sache entdecken. Und nur dann werden Sie in der Lage sein, dem Schüler zu helfen, die Vergangenheit auszulöschen und einen Geist zu haben, der unverletzbar ist.

Tradition und Gewohnheit

Diese Briefe werden in einem freundlichen Geist geschrieben. Sie beabsichtigen nicht, Ihre Denkweise zu
beherrschen oder Sie zu überreden, sich dem anzupassen, wie der Verfasser denkt oder fühlt. Es handelt
sich nicht um Propaganda. Die Briefe sind eigentlich
ein Dialog zwischen Ihnen und dem Verfasser; zwei
Freunde besprechen miteinander ihre Probleme, und
in einer guten Freundschaft besteht nie das Gefühl des
Wettbewerbs oder des Dominierens. Auch Sie müssen den Zustand der Welt und unserer Gesellschaft
beobachtet haben und daß eine radikale Wandlung in
der Lebensweise der Menschen, in ihren Beziehungen
zueinander, in ihrer Beziehung zur Welt als Ganzem
und in jeder erdenklichen Weise stattfinden muß. Wir
sprechen miteinander und sind beide zutiefst interessiert, nicht nur an unserem eigenen speziellen Selbst,
sondern auch an den Schülern, für die Sie voll verantwortlich sind. Ein Lehrer ist die wichtigste Person in
der Schule, denn von ihr oder ihm hängt das zukünftige Wohlergehen der Menschheit ab. Dies ist nicht nur
eine verbale Feststellung. Es ist eine absolute, unwiderrufliche Tatsache. Nur wenn der Lehrer selbst die
Würde und Achtung fühlt, die in seiner Arbeit liegt,
wird er sich dessen bewußt sein, daß Lehren die höchste Berufung ist, höher als die des Politikers oder der
Prinzen in der Welt. Der Verfasser betont jedes dieser
Worte nachdrücklich, deshalb tun Sie sie bitte nicht
als Übertreibung ab oder als Versuch, Ihnen ein fal-

sches Gefühl der Wichtigkeit zukommen zu lassen. Sie und die Schüler müssen gemeinsam in Güte aufblühen.

Wir haben auf die korrumpierenden oder die degenerierenden Faktoren des Geistes hingewiesen. Da die Gesellschaft im Zerfallen begriffen ist, müssen die Schulen Zentren der geistigen Erneuerung sein. Nicht des Denkens. Das Denken kann sich nie erneuern, denn es ist immer begrenzt, aber die Erneuerung des Geistes in seiner Gesamtheit ist möglich. Diese Möglichkeit besteht nicht als Konzept, sondern als Tatsache, wenn man die Wege der Degeneration gründlich untersucht hat. In den vorangegangenen Briefen haben wir einige dieser Wege erforscht.

Wir müssen nun auch das zerstörerische Wesen der Tradition, der Gewohnheiten und der sich wiederholenden Art des Denkens erforschen. Nachzufolgen, die Tradition zu akzeptieren, scheint dem Leben eine gewisse äußere als auch innere Sicherheit zu geben. Die Suche nach Sicherheit in jeder erdenklichen Weise ist das Motiv, die Antriebskraft der meisten unserer Handlungen gewesen. Das Verlangen nach psychischer Sicherheit überschattet die physische Sicherheit und macht daher die physische Sicherheit ungewiß. Diese psychische Sicherheit ist die Grundlage der Tradition, die von einer Generation zur anderen weitergereicht wird, durch Riten, Glauben — ob religiöser, politischer oder soziologischer Natur. Wir stellen selten die akzeptierte Norm in Frage, und wenn wir es doch tun, gehen wir unvermeidlich in die Falle einer neuen Schablone. Das war unsere Lebensweise: das eine ablehnen und das andere annehmen. Das Neue scheint verlockender, und das Alte wird der scheidenden Generation überlassen. Aber beide Generationen sind in Schablonen, in Systemen gefangen, und das ist der Lauf der Tradition. Das Wort Tradition — modern oder alt — bedeutet schon, sich anpassen. Es gibt keine gute oder schlechte Tradition: Es gibt nur Tradition, eitle Wiederholung von Ritualen in allen Kirchen, Tempeln und Moscheen. Sie sind völlig bedeutungslos, aber Emotion, Sentimentalität, Romantik und Fantasie verleihen ihnen Farbe und Illusion. Das ist das Wesen des Aberglaubens, und jeder Priester in der Welt fördert ihn. Dieser Vorgang, in Dingen zu schwelgen, die keine Bedeutung haben, oder mit Dingen umzugehen, die ohne Bedeutung sind, ist Energievergeudung, die den Geist degenerieren läßt. Man muß sich dieser Tatsache gänzlich bewußt sein, und eben diese Achtsamkeit löst alle Illusionen auf.

Ferner gibt es die Gewohnheiten. Es gibt keine guten oder schlechten Gewohnheiten, nur Gewohnheiten. Eine Gewohnheit ist eine sich wiederholende Handlung, die aus Nichtgewahrsein entsteht. Man verfällt absichtlich in eine Gewohnheit oder wird durch Propaganda dazu überredet; oder man verfällt aus Angst in Selbstschutzreflexe. Mit dem Vergnügen ist es genauso. Wenn man der Routine folgt — wie wirksam und notwendig das auch im täglichen Leben sein mag —, kann das zu einer mechanistischen Lebensweise führen, was gewöhnlich auch der Fall ist. Man kann jeden Tag das Gleiche zur gleichen Zeit tun, ohne daß es zur Gewohnheit wird, wenn man sich dessen bewußt ist, was man tut. Achtsamkeit vertreibt die Gewohnheit. Nur wenn keine Achtsamkeit besteht, bilden sich Gewohnheiten. Sie können jeden Morgen zur gleichen Zeit aufstehen, und Sie wissen, warum Sie aufstehen. Dieses Gewahrsein mag einem anderen als Gewohnheit erscheinen, als gute oder schlechte, jedoch ist es für denjenigen, der bewußt und achtsam ist, überhaupt keine Gewohnheit. Wir verfallen in psychologische Gewohnheiten oder Routine, weil wir denken, es sei die angenehmste Lebensweise, und wenn Sie genau beobachten, haben sogar die Gewohnheiten in persönlichen oder sonstigen Beziehungen etwas von Lässigkeit, Nachlässigkeit und Gleichgültigkeit. In all dem steckt ein falsches Gefühl der Intimität und Sicherheit und eine leichte Grausamkeit. Hinter der Gewohnheit lauert jegliche Gefahr: die Gefahr des Rauchens, der sich wiederholenden Handlung, der Anwendung von Worten, Gedanken oder Verhaltensweisen. Dies macht den Geist äußerst stumpf, und in dem degenerierenden Vorgang wird man eine Art illusorische Sicherheit finden, etwa eine Nation, einen Glauben oder ein Ideal, und sich daran klammern. Alle diese Faktoren wirken sehr zerstörerisch auf die echte Sicherheit. Wir leben in einer Scheinwelt, die zur Wirklichkeit geworden ist. Wer diese Illusion in Frage stellt, wird entweder zum Revolutionär, oder er nimmt alles hin. Beides sind Faktoren der Degeneration.

Schließlich ist das Gehirn mit seinen außerordentlichen Fähigkeiten Generation auf Generation dazu konditioniert worden, diese fälschliche Sicherheit zu akzeptieren, was nun zu einer tief verwurzelten Gewohnheit geworden ist. Um diese Gewohnheit zu brechen gehen wir durch alle erdenklichen Qualen, fliehen auf vielfache Weise, oder wir verschreiben uns einer idealistischen Utopie usw. Das Problem des Erziehers besteht darin zu forschen, und seine schöpferischen Fähigkeiten liegen darin, seine eigene tiefverwurzelte Konditionierung sowie die des Schülers genau zu beobachten. Das ist ein wechselseitiger Vorgang: Es ist nicht so, daß Sie zuerst Ihre Konditionierung erforschen und dann den anderen über Ihre Entdeckungen informieren, sondern man forscht gemeinsam, um die Wahrheit der Sache herauszufinden. Das erfordert einiges an Geduld, nicht die Geduld der Zeit, sondern die der Ausdauer und der regen Sorgfalt alles umfassender Verantwortung.

Schönheit, Denken

Wir sind viel zu schlau geworden. Unser Gehirn wurde trainiert, um verbal, intellektuell zu glänzen. Es wird vollgestopft mit einer Fülle von Informationen, und wir benutzen sie für eine gewinnbringende Karriere. Eine geschickte intellektuelle Person wird gelobt, geehrt. Solche Menschen scheinen alle wichtigen Posten in der Welt an sich zu reißen: Sie haben Macht, hohe Positionen und Prestige. Aber ihre Schläue verrät sie schließlich. In ihren Herzen wissen sie niemals, was Liebe, tiefe Barmherzigkeit oder Großzügigkeit ist, denn sie sind in ihrer Eitelkeit und Arroganz gefangen. Das ist zur Norm in allen reich ausgestatteten Schulen geworden. Jungen oder Mädchen, die von den konventionellen Schulen aufgenommen werden, verfangen sich in der modernen Zivilisation und sind für die ganze Schönheit des Lebens verloren.

Wenn man durch den Wald mit seinen dunklen Schatten und den Lichtflecken wandert und plötzlich an eine Lichtung kommt, auf eine grüne Wiese, umgeben von stattlichen Bäumen, oder an einen funkelnden Bach, dann wundert man sich, warum der Mensch seine Beziehung zur Natur und zur Schönheit der Erde, zu einem fallenden Blatt oder einem abgebrochenen Zweig verloren hat. Wenn Sie die Nähe zur Natur verloren haben, werden Sie unweigerlich auch die Beziehung zueinander verlieren. Natur besteht nicht nur aus Blumen, dem schönen grünen Rasen oder dem plätschernden Wasser in Ihrem kleinen

Garten, sondern aus der ganzen Erde mit allem, was darauf ist. Wir nehmen an, daß die Natur zu unserem Gebrauch, zu unserer Annehmlichkeit da ist, und verlieren so die Verbindung mit der Erde. Die Empfindsamkeit für ein gefallenes Blatt oder einen hohen Baum auf dem Hügel ist weit wichtiger als all die Prüfungen abzulegen und eine glänzende Karriere zu machen. Daraus besteht die Ganzheit des Lebens nicht. Das Leben gleicht einem breiten Strom von riesigem Ausmaß, ohne Anfang und Ende. Wir entnehmen dieser rasch dahinfließenden Strömung einen Eimer Wasser, und dies bißchen Wasser wird unser Leben. Das ist unsere Konditionierung, unser ewig währendes Leid.

Der Denkvorgang ist nicht Schönheit. Das Denken kann etwas erschaffen, was ihm schön erscheint – ein Gemälde, eine Marmorfigur oder ein schönes Gedicht. Aber das ist nicht Schönheit. Schönheit ist höchste Empfindsamkeit, und zwar nicht in bezug auf die eigenen Leiden und Ängste, sondern im Umfassen der ganzen menschlichen Existenz. Schönheit besteht nur, wenn die Strömung des Ichs völlig ausgetrocknet ist. Wenn das Ich nicht ist, besteht Schönheit. Mit dem Ablegen des Selbst tritt die Leidenschaft der Schönheit in Erscheinung.

Wir haben in diesen Briefen gemeinsam über die Degeneration des Geistes gesprochen. Wir haben auf einige Arten des Verfalls hingewiesen, damit Sie sie untersuchen und erforschen können. Eine seiner Hauptfähigkeiten ist das Denken. Das Denken zerbricht die Ganzheit des Geistes. Das Ganze enthält den Teil, der Teil kann aber niemals das Vollständige sein. Das Denken ist der aktivste Teil unseres Lebens. Das Gefühl geht mit dem Denken Hand in Hand. Dem Wesen nach sind sie ein und dasselbe, obwohl wir dazu neigen, sie zu trennen. Nachdem wir sie getrennt haben, betonen wir das Gefühl, die Sentimentalität, Romantik und die Hingabe, aber das Denken webt sich wie ein Faden im Halsband durch alles hindurch, verborgen, lebendig, kontrollierend und formgebend. Es ist immer da, obwohl wir gerne denken, daß unsere tiefen Emotionen etwas wesentlich anderes sind. Darin liegt eine große Illusion, eine Täuschung, die hohes Ansehen genießt und die zu Unehrlichkeit führt.

Wie wir schon sagten, ist das Denken die Wirklichkeit unseres täglichen Lebens. Alle sogenannten heiligen Bücher sind das Produkt des Denkens. Sie werden vielleicht als Offenbarung verehrt, aber ihrem Wesen nach sind sie Denken. Das Denken hat die Turbine geschaffen und die großen Tempel auf Erden, die Rakete und die Feindschaft unter den Menschen. Das Denken war für die Kriege verantwortlich, für die Sprache, die man benutzt, und auch für das Bild, das von Hand oder durch den Verstand geschaffen wird. Das Denken beherrscht die Beziehung. Das Denken hat beschrieben, was Liebe ist, und den Himmel und den Schmerz des Elends. Der Mensch betet das Denken an, bewundert seine Subtilität, seine List, seine Gewalt, seine zweckbetonte Grausamkeit. Das Denken hat zu großen Fortschritten in der Technologie geführt und damit zu all den Zerstörungsmöglichkeiten. Das war die Geschichte des Denkens, die sich durch Jahrhunderte hindurch wiederholt.

Warum hat die Menschheit dem Denken eine derart große Bedeutung beigemessen? Ist es, weil es das Einzige ist, das wir haben, obwohl das Denken durch die Sinne aktiviert wird? Ist es, weil das Denken imstande war, die Natur, die Umgebung zu beherrschen und eine gewisse physische Sicherheit zustande zu bringen? Ist es, weil es das größte Instrument ist, durch das der Mensch tätig wird, lebt und Nutzen zieht? Ist es, weil das Denken die Götter geschaffen hat, die Erlöser, das Super-Bewußtsein, um seine Sorgen, seine Angst, sein Leid, seinen Neid, seine Schuld zu vergessen? Ist es, weil es die Menschen zusammenhält als eine Nation, eine Gruppe, eine Sekte? Ist es, weil es dem düsteren Leben Hoffnung macht? Ist es, weil es ein Schlupfloch schafft, um der langweiligen täglichen Lebensweise zu entkommen? Ist es, weil es die Zukunft nicht kennt und die Geborgenheit der Vergangenheit bietet, ihre Arroganz, ihr Beharren auf Erfahrung? Ist es, weil Wissen Stabilität vermittelt, weil durch die Sicherheit des Wissens Angst umgangen wird? Ist es, weil das Denken in sich selbst eine unanfechtbare Position geschaffen hat und gegen das Unbekannte Stellung bezogen hat? Ist es, weil Liebe unberechenbar, nicht meßbar ist, während das Denken gemessen wird und der unwandelbaren Bewegung der Liebe widersteht?

Gerade das Wesen des Denkens haben wir niemals in Frage gestellt. Wir haben das Denken als etwas ebenso Unvermeidliches wie unsere Augen und Beine akzeptiert. Wir sind nie zum eigentlichen Kern des Denkens vorgedrungen. Und weil wir es nie in Frage stellten, hat es die Vorherrschaft erreicht. Es ist der Tyrann unseres Lebens, und Tyrannen werden selten herausgefordert.

Als Erzieher werden wir also das Denken dem hellen Licht der Beobachtung aussetzen. Das Licht der Beobachtung zerstreut nicht nur augenblicklich die Illusion, sondern die Klarheit des Lichtes enthüllt auch die winzigsten Details dessen, was beobachtet wird. Wie wir schon sagten, erfolgt die Beobachtung nicht von einem festen Punkt aus, nicht von einem

Glauben, Vorurteil oder einer Schlußfolgerung aus. Meinung ist eine ziemlich schäbige Angelegenheit, genau wie Erfahrung. Ein Mensch der Erfahrung ist gefährlich, denn er sitzt im Gefängnis seines eigenen Wissens.

Können Sie also mit außerordentlicher Klarheit den ganzen Denkvorgang beobachten? Dieses Licht ist Freiheit: Das bedeutet nicht, daß Sie es eingefangen haben und es nun zu Ihrer Annehmlichkeit und Ihrem Nutzen einsetzen können. Gerade das Denken zu beobachten ist die Beobachtung Ihres ganzen Seins, und eben dieses Sein ist vom Denken zusammengesetzt. So wie das Denken endlich, begrenzt ist, so sind Sie es auch.

Verlangen

Wir sind noch mit der Ganzheit des Geistes befaßt. Der Geist umfaßt die Sinne, die unberechenbaren Emotionen, die Kapazität des Gehirns und des ewig ruhelosen Denkens. All das ist der Geist, der zahllose Eigenschaften des Bewußtseins einschließt. Wenn der Geist in seiner Gesamtheit funktioniert, ist er grenzenlos, er besitzt große Energie, und sein Handeln erfolgt ohne den Schatten der Reue und ohne das Versprechen einer Belohnung. Diese Qualität des Geistes, diese Ganzheit ist Intelligenz. Kann diese Intelligenz dem Schüler vermittelt werden, kann ihm oder ihr geholfen werden, deren Bedeutung rasch zu erfassen? Es ist sicherlich die Verantwortung des Erziehers, das herbeizuführen.

Die Kapazität des Denkens wird durch das Verlangen geformt und kontrolliert und dadurch eingeengt. Diese Kapazität wird durch den Vorgang des Verlangens begrenzt. Verlangen ist die Essenz der Sinneswahrnehmung. Ehrgeiz begrenzt die Kapazität des Gehirns, das Denken. Diese Kapazität wird durch soziale und wirtschaftliche Anforderungen oder durch eigene Erfahrung und Motivierung eingeschränkt. Sie wird eingeengt durch Ideale, durch die Sanktionen verschiedener Glaubensrichtungen, durch nicht endenwollende Angst. Angst ist nicht getrennt von Vergnügen.

Verlangen — die Essenz der Sinneswahrnehmung — wird durch die Umgebung, durch Tradition, durch unsere eigenen Neigungen und unser Temperament geformt. Auf diese Weise wird eine Fähigkeit oder eine Handlung, die volle Energie erfordert, unserer Bequemlichkeit und unserem Vergnügen entsprechend geprägt. Verlangen ist ein zwingender Faktor in unserem Leben. Es darf nicht unterdrückt oder umgangen werden, man darf sich von ihm nicht beschwatzen lassen und nicht mit ihm argumentieren, es muß vielmehr verstanden werden. Dieses Verstehen kann nur dann zustande kommen, wenn man das Verlangen erforscht und seine Bewegung beobachtet. In Kenntnis der antreibenden Glut des Verlangens haben die meisten Verbote der Religionen und Sekten das Verlangen zu etwas erklärt, das unterdrückt, kontrolliert oder aufgegeben werden muß − als ob man es einer Gottheit oder einem Prinzip aushändigen würde. Die zahllosen Eide, die die Menschen geschworen haben, das Verlangen ganz zu verneinen, haben es in keiner Weise ausgelöscht. Es ist da.

Wir müssen also anders darangehen und bedenken, daß Intelligenz nicht durch das Verlangen geweckt wird. Das Verlangen, auf dem Mond zu landen, bringt ungeheures technologisches Wissen hervor, aber dieses Wissen ist begrenzte Intelligenz. Wissen ist immer spezialisiert und daher unvollständig, während wir von einer Intelligenz sprechen, die eine Bewegung der Gesamtheit des Geistes ist. Mit dieser Intelligenz befassen wir uns, mit ihrem Erwachen sowohl im Lehrer als auch im Schüler.

Wie wir schon sagten, wird die geistige Kapazität durch das Verlangen eingeschränkt. Verlangen ist Sinneswahrnehmung, die sinnliche Wahrnehmung einer neuen Erfahrung, einer neuen Art der Erregung, das Gefühl, die höchsten Berge der Erde zu besteigen, das Gefühl von Macht und Status. All das begrenzt die Energie des Gehirns. Verlangen erzeugt die Illusion von Sicherheit, und das Gehirn, das Sicherheit braucht, unterstützt jegliche Form des Verlangens und hält es aufrecht. Wenn wir also den Stellenwert des Verlangens nicht erkennen, führt das zur Degeneration des Geistes. Es ist wirklich wichtig, das zu verstehen.

Denken ist die Bewegung dieses Verlangens. Die Neugier der Entdeckung wird durch das Verlangen nach größeren Sensationen und illusorischer Gewißheit von Sicherheit angetrieben. Neugier hat die enorme Menge an Wissen geschaffen, das für unser tägliches Leben wichtig ist. Neugier ist beim Beobachten von Bedeutung.

Während das Denken die Hauptursache der geistigen Degeneration ist, öffnet Einsicht die Tür zur Ganzheit des Handelns. In unserem nächsten Brief werden wir uns mit der vollen Bedeutung von Einsicht befassen, aber jetzt müssen wir überlegen, ob das Denken ein zersetzender Faktor für die Ganzheit des Geistes ist. Wir haben ausgesagt, daß es so ist. Akzeptieren Sie das nicht, bevor Sie es nicht gründlich und unabhängig untersucht haben.

Was wir unter Ganzheit des Geistes verstehen ist unendliche Kapazität und die vollkommene Leere, die unermeßliche Energie enthält. Da das Denken schon seinem Wesen nach sehr begrenzt ist, zwingt es dem Ganzen seine Enge auf, und darum ist das Denken immer nur an der Vorderfront. Das Denken ist begrenzt, weil es aus Gedächtnis und Wissen entsteht, das durch Erfahrung gesammelt wird. Wissen ist Vergangenheit, und das, was war, ist immer begrenzt. Erinnerung kann vielleicht eine Zukunft entwerfen. Diese Zukunft ist an die Vergangenheit gebunden, und daher ist das Denken stets begrenzt. Das Denken ist meßbar — das Mehr und Weniger, das Größere, das Kleinere. Dieses Messen ist ein zeitlicher Vorgang. Ich bin gewesen, ich werde sein. Wenn das Denken also die Vorherrschaft hat, wie subtil, gewitzt und vital es auch immer sein mag, entstellt es die Ganzheit, und wir haben dem Denken die höchste Bedeutung beigemessen.

Darf man, nachdem Sie diesen Brief gelesen haben, fragen: Haben Sie die Bedeutung erkannt, die dem Wesen des Denkens und der Ganzheit des Geistes zukommt? Und wenn ja, können Sie alles dem Schüler, für den Sie voll verantwortlich sind, vermitteln? Das ist eine schwierige Sache. Wenn Sie kein Licht haben, können Sie einem anderen nicht dazu verhelfen. Sie können es vielleicht sehr klar erklären oder es in gewählten Worten definieren, aber es wird die Leidenschaft der Wahrheit fehlen.

Konflikt, Ehrlichkeit, Einsicht

Jegliche Form von Konflikt und Kampf verdirbt den Geist — den Geist, der die Ganzheit unserer Existenz bedeutet. Diese Qualität wird zerstört, sobald es irgendeine Form der Reibung, irgendeinen Widerspruch gibt. Da die meisten von uns in einem Dauerzustand des Widerspruchs und des Konflikts leben, führt dieses Fehlen an Ganzheit zu Degeneration. Unser Anliegen hier ist es zu entdecken, ob es überhaupt möglich ist, diese degenerierenden Umstände zu beenden. Vielleicht haben die meisten von uns nie darüber nachgedacht; wir haben es als die normale Lebensweise akzeptiert. Wir haben uns selbst überzeugt, daß Konflikt — ebenso wie Wettbewerb — Wachstum bedeutet, und wir haben verschiedene Erklärungen dafür: Der Baum im Wald kämpft sich zum Licht empor, das neugeborene Baby ringt nach Luft, die Mutter erleidet Wehen für die Geburt des Kindes. Wir sind so konditioniert, das zu akzeptieren und auf diese Weise zu leben. Das war seit Generationen unsere Lebensart, und jede Andeutung, daß es vielleicht ein Leben ohne Konflikt geben könnte, scheint ganz unglaubhaft. Sie mögen dem zuhören und es für idealistischen Unsinn halten oder es von der Hand weisen. Sie erwägen aber nie, ob die Aussage, daß es möglich ist, ein Leben ohne einen Schatten von Konflikt zu leben, irgendeine Bedeutung hat. Während wir uns mit der Integrität und der Verantwortung befassen, eine neue Generation hervorzubringen, was unsere einzige Aufgabe als Erzieher ist: Können Sie diese Tatsache erforschen? Und können Sie eben bei der Erziehung dem Schüler vermitteln, was Sie selbst entdecken?

Konflikt jeder Art ist ein Zeichen von Widerstand. In einem rasch dahinfließenden Strom gibt es keinen Widerstand; er fließt um große Felsen herum, durch Dörfer und Städte. Der Mensch bändigt ihn zu seinem eigenen Nutzen. Schließlich bedeutet Freiheit Abwesenheit des Widerstands, den das Denken um sich herum aufgebaut hat, nicht wahr?

Ehrlichkeit ist eine äußerst komplizierte Angelegenheit. Wobei sind Sie ehrlich und aus welchem Grund? Können Sie mit sich selbst ehrlich sein und somit fair gegenüber einem anderen? Wenn man sich selbst sagt, daß man ehrlich sein muß, ist das möglich? Ist Ehrlichkeit eine Angelegenheit von Idealen? Kann ein Idealist je ehrlich sein? Er lebt in einer Zukunft, die aus der Vergangenheit gebildet ist; er ist gefangen zwischen dem, was gewesen ist und dem, was sein sollte, und er kann daher nie ehrlich sein. Können Sie mit sich selbst ehrlich sein? Ist das möglich? Sie sind der Mittelpunkt Ihrer verschiedenen Aktivitäten, die sich manchmal widersprechen, von verschiedenen Gedanken, Gefühlen und Wünschen, die ständig zueinander in Opposition stehen. Welcher ist der ehrliche Wunsch oder Gedanke und welcher nicht? Dies sind keine rhetorischen Fragen oder klugen Argumente. Es ist sehr wichtig herauszufinden, was es bedeutet, vollkommen ehrlich zu sein, weil wir uns mit Einsicht und der Unmittelbarkeit des Handelns befassen werden. Wenn wir die Tiefe der Einsicht erfassen möchten, ist es äußerst wichtig, diese Qualität vollkommener Integrität zu haben, jene Integrität, die die Ehrlichkeit des Ganzen ist.

Man ist vielleicht ehrlich in bezug auf ein Ideal, ein Prinzip oder einen tief eingewurzelten Glauben. Sicherlich ist das keine Ehrlichkeit. Ehrlichkeit kann nur bestehen, wenn es keinen Dualitätskonflikt gibt, wenn der Gegensatz nicht existiert. Es gibt Dunkelheit und Licht, Tag und Nacht, es gibt Mann und Frau, Große und Kleine usw., aber es ist das Denken, das diese zu Gegensätzen macht, sie in Widerspruch zueinander setzt. Wir drücken dadurch den psychologischen Gegensatz aus, den die Menschheit kultiviert hat. Liebe ist nicht das Gegenteil von Haß oder Eifersucht. Wenn es so wäre, wäre es keine Liebe. Demut ist nicht das Gegenteil von Eitelkeit oder Stolz und Arroganz. Wenn es so wäre, wäre sie noch Teil von Arroganz und Stolz, und also keine Demut. Demut unterscheidet sich völlig von alledem. Ein demütiger Geist ist sich seiner Demut nicht bewußt. Ehrlichkeit ist also nicht das Gegenteil von Unehrlichkeit.

Man kann in seinem Glauben und seiner Auffassung sehr aufrichtig sein, aber diese Aufrichtigkeit schafft Konflikt, und wo Konflikte sind, kann es keine Ehrlichkeit geben. Also fragen wir, können Sie mit sich selbst ehrlich sein? Sie selbst sind eine Mischung von vielen Abläufen, die sich durchkreuzen, gegenseitig beherrschen, selten zusammenfließen. Wenn all diese Bewegungen zusammenströmen, besteht Ehrlichkeit. Wiederum gibt es die Trennung zwischen Bewußtem und Unbewußtem, Gott und dem Teufel; das Denken hat diese Trennung und den Konflikt, der darin liegt, bewirkt. Güte hat kein Gegenteil.

Können wir mit diesem neuen Verständnis von Ehrlichkeit mit der Untersuchung von Einsicht fortfahren? Das ist äußerst wichtig, denn dies könnte der Faktor sein, der unsere Handlungsweise revolutionieren und eine tiefe Umwandlung des Gehirnes selbst herbeiführen könnte. Wir haben gesagt, daß unsere Lebensweise mechanistisch geworden ist: Die Vergangenheit mit all ihrer gesammelten Erfahrung und ihrem Wissen, die die Quelle des Denkens ist, dirigiert und formt alle unsere Handlungen. Vergangenheit und Zukunft stehen in Wechselbeziehung zueinander und sind untrennbar, und der Denkprozeß basiert darauf. Das Denken ist stets begrenzt, endlich; wenn es auch vorgeben mag, den Himmel zu erreichen, liegt eben dieser Himmel im Rahmen des Denkens. Gedächtnis ist meßbar, ebenso wie Zeit. Der Denkvorgang kann niemals frisch, neu, ursprünglich sein. Also muß auf Denken beruhendes Handeln stets bruchstückhaft, unvollständig und widerspruchsvoll sein. Dieser ganze Denkvorgang, den man zutiefst verstehen muß, hat seinen angemessenen Platz in den Notwendigkeiten des Lebens mit den Dingen, an die man denken muß. Was ist dann Handeln, das nicht die Fortsetzung von Erinnerung ist? Es ist Einsicht.

Einsicht ist keine sorgfältige Folgerung des Denkens, kein analytischer Denkprozeß oder das zeitgebundene Wesen des Gedächtnisses. Einsicht ist Wahrnehmung ohne den Wahrnehmenden; sie entsteht augenblicklich. Aus dieser Einsicht entspringt das Handeln. Aus dieser Einsicht ist die Erläuterung jedes Problems genau, endgültig und wahr. In ihr gibt es keine Reue, keine Reaktionen. Sie ist absolut. Ohne die Qualität der Liebe kann es keine Einsicht geben. Einsicht ist keine intellektuelle Angelegenheit, über die man argumentieren kann und die patentiert wird. Diese Liebe ist die höchste Form der Empfindsamkeit − wenn alle Sinne gemeinsam aufblühen. Ohne diese Empfindsamkeit − sich nicht in den eigenen Wünschen, den eigenen Problemen und der ganzen Kleinlichkeit des eigenen Lebens zu verfangen — ist Einsicht offensichtlich ganz unmöglich.

Einsicht ist ganzheitlich. Ganzheitlich bedeutet das Ganze, den gesamten Geist. Der Geist ist die ganze Erfahrung der Menschheit, das umfangreiche, angesammelte Wissen mit seinen technischen Fähigkeiten, mit seinem Leid, seiner Sorge, seinem Schmerz, seiner Trauer und seiner Einsamkeit. Aber Einsicht ist jenseits von alledem. Freisein von Leid, von Trauer, von Einsamkeit ist für die Einsicht wesentlich. Einsicht ist keine fortlaufende Bewegung. Sie kann vom Denken nicht eingefangen werden. Einsicht ist höchste Intelligenz, und diese Intelligenz setzt Denken als Werkzeug ein. Einsicht ist Intelligenz mit ihrer Schönheit und Liebe. Sie sind wirklich untrennbar; sie sind tatsächlich eins. Dies ist das Ganze, das Heiligste.

Unordnung, Verlangen

Im Grunde ist die Schule ein Ort, an dem nicht nur das Wissen vermittelt wird, das man im täglichen Leben braucht, sondern man lernt dort auch die Kunst des Lebens mit all seiner Komplexität und Subtilität. Wir scheinen das zu vergessen und verfangen uns gänzlich in der Oberflächlichkeit des Wissens. Wissen ist immer oberflächlich, und das Erlernen der Kunst des Lebens wird nicht für notwendig erachtet. Leben wird nicht als Kunst betrachtet. Wenn man die Schule verläßt, hört man auf zu lernen und lebt dann von dem, was man an Wissen angesammelt hat. Wir betrachten nie das Leben als einen ganzheitlichen Lernprozeß. Wenn man das Leben beobachtet, so ist das tägliche Leben ein ständiger Wandel und ständige Bewegung, und der Geist ist nicht flink und empfindsam genug, um seinen Subtilitäten zu folgen. Man trifft mit vorgefertigten Reaktionen und Feststellungen auf das Leben. Kann das in diesen Schulen verhindert werden? Das bedeutet nicht, daß man einen offenen Geist haben muß. Gewöhnlich gleicht der offene Geist einem Sieb, das wenig oder nichts zurückbehält. Es ist aber ein Geist nötig, der fähig ist, rasch wahrzunehmen und zu handeln. Deshalb behandelten wir die Frage der Einsicht mit ihrer Unmittelbarkeit des Handelns. Einsicht hinterläßt keine Narbe der Erinnerung. Im allgemeinen hinterläßt Erfahrung, so wie sie jetzt verstanden wird, einen Rückstand als Erinnerung, und von diesem Rückstand aus handelt man.

Auf diese Weise stärkt die Handlung den Rückstand, und das Handeln wird dadurch mechanisch. Einsicht ist keine mechanistische Aktivität. Kann also in der Schule gelehrt werden, daß das tägliche Leben ein ständiger Lernprozeß und ein Handeln in Beziehung ist, ohne daß dabei der Rückstand, der Erinnerung ist, gestärkt wird? Für die meisten von uns wird die Narbe äußerst wichtig, und wir verlieren den raschen Strom des Lebens.

Sowohl Lehrer als auch Schüler leben äußerlich und innerlich in einem Zustand der Verwirrung und Unordnung. Man mag sich dieser Tatsache nicht bewußt sein, und wenn man es ist, bringt man die äußeren Dinge rasch in Ordnung, aber man ist der inneren Verwirrung und Unordnung selten gewahr.

Gott ist Unordnung. Betrachten Sie die zahllosen Götter, die der Mensch erfunden hat, oder den einen Gott, den einen Heiland, und beobachten Sie die Verwirrung, die das in der Welt hervorgerufen hat; die Kriege, die dadurch entstanden sind, die zahllosen Teilungen, die trennenden Glaubensrichtungen, Symbole und Bilder. Ist das nicht Verwirrung und Unordnung? Wir haben uns daran gewöhnt und akzeptieren es bereitwillig, denn unser Leben ist in seiner Langweiligkeit und seinem Schmerz so mühsam, daß wir in Göttern Trost suchen, die das Denken hervorgezaubert hat. So haben wir jahrtausendelang gelebt. Jede Zivilisation hat Götter erfunden, und sie sind der Ursprung von großer Tyrannei, von Krieg und Zerstörung gewesen. Ihre Bauwerke mögen außerordentlich schön sein, aber drinnen ist Dunkelheit und die Quelle der Verwirrung.

Kann man die Götter beiseite lassen? Man muß es, wenn man herausfinden will, warum der menschliche Geist in politischer, religiöser und wirtschaftlicher

Unordnung lebt und dies akzeptiert. Was ist die Quelle der Unordnung – ihre Wirklichkeit, nicht ihre theologische Begründung? Kann man die Konzepte von Unordnung ablegen und frei sein, um den wirklichen täglichen Quell unserer Unordnung zu erkunden – nicht zu erforschen, was Ordnung ist, sondern was Unordnung ist? Wir können nur herausfinden, was absolute Ordnung ist, wenn wir die Unordnung und ihre Quelle gründlich untersucht haben. Wir sind so eifrig herauszufinden, was Ordnung ist, so ungeduldig mit der Unordnung, daß wir sie leicht unterdrücken, im Glauben, damit Ordnung herbeizuführen. Hier fragen wir nicht nur, ob in unserem täglichen Leben absolute Ordnung sein kann, sondern auch, ob diese Verwirrung enden kann.

Unser erstes Anliegen bezieht sich also auf die Unordnung und deren Quelle. Ist es das Denken? Sind es sich widersprechende Wünsche? Ist es Angst und die Suche nach Sicherheit? Ist es das ständige Verlangen nach Vergnügen? Ist das Denken eine der Quellen oder die Hauptursache von Unordnung? Nicht nur der Verfasser, sondern auch Sie stellen diese Frage, bitte vergegenwärtigen Sie sich das die ganze Zeit. Sie müssen die Quelle entdecken und sich nicht davon erzählen lassen und das dann verbal wiederholen.

Wie gesagt, ist das Denken endlich, begrenzt, und alles, was begrenzt ist, wie weitreichend seine Aktivitäten auch sein mögen, schafft unweigerlich Verwirrung. Alles, was begrenzt ist, wirkt trennend und daher zerstörerisch und verwirrend. Wir haben uns genügend mit dem Wesen und der Struktur des Denkens befaßt, und eine Einsicht in das Wesen des Denkens zu gewinnen bedeutet, dem Denken den ihm gebührenden Platz zu geben, und dadurch verliert es seine überwältigende Macht.

Ist das Verlangen mit den wechselnden Objekten des Verlangens eine der Ursachen unserer Unordnung? Das Verlangen zu unterdrücken bedeutet, alle Sinneswahrnehmungen zu unterdrücken, das heißt, den Geist lahmzulegen. Wir denken, dies sei der leichte und schnellste Weg, um das Verlangen zu beenden, aber man kann es nicht unterdrücken; es ist viel zu stark, viel zu subtil. Sie können es nicht in die Hände nehmen und Ihrem Wunsch gemäß verdrehen — das wäre weiteres Verlangen. Wir haben in einem früheren Brief über Verlangen gesprochen. Verlangen kann nie durch richtiges und falsches Verlangen unterdrückt oder umgewandelt oder korrumpiert werden. Es bleibt immer Sinneswahrnehmung und Verlangen, was Sie auch damit tun. Verlangen nach Erleuchtung und Verlangen nach Geld ist dasselbe, wenn die Objekte sich auch unterscheiden. Kann man ohne Verlangen leben? Oder, um es anders auszudrücken, können die Sinne äußerst aktiv sein, ohne daß sich Verlangen einmischt? Es gibt sowohl psychische als auch physiologische Aktivitäten der Sinne. Der Körper sucht Wärme, Nahrung, Sex; es gibt die physischen Schmerzen usw. Diese Empfindungen sind natürlich, wenn sie aber in den psychologischen Bereich eindringen, beginnt der Kummer. Und darin liegt unsere Verwirrtheit. Es ist wichtig, das zu verstehen, besonders solange wir jung sind. Die physischen Empfindungen zu beobachten, ohne sie zu unterdrücken oder zu übertreiben und achtsam, wachsam zu sein, so daß sie nicht hinübergleiten in den inneren, psychologischen Bereich, wo sie nicht hingehören — darin liegt unsere Schwierigkeit. Der ganze Vorgang läuft so rasch ab, daß wir das nicht sehen, es nicht verstanden haben und niemals wirklich untersucht haben, was tatsächlich stattfindet.

Die Sinne reagieren unverzüglich auf eine Herausforderung. Diese Reaktion ist natürlich und steht nicht unter der Herrschaft des Denkens, des Verlangens. Unsere Schwierigkeit beginnt, wenn diese Sinnesreaktionen in den psychologischen Bereich eintreten. Die Herausforderung kann eine Frau oder ein Mann sein, etwas Angenehmes, Appetitanregendes oder auch ein hübscher Garten. Die Reaktion darauf ist eine Sinneswahrnehmung, und wenn diese Sinneswahrnehmung in den psychologischen Bereich gelangt, beginnt das Verlangen, und das Denken mit seinen Bildern versucht, dieses Verlangen zu stillen.

Die Frage ist, wie man die natürlichen, physischen Reaktionen daran hindert, ins Psychologische einzutreten. Ist das möglich? Es ist nur möglich, wenn Sie das Wesen der Herausforderung mit großer Aufmerksamkeit beobachten und die Reaktionen sorgfältig verfolgen. Diese vollkommene Achtsamkeit wird den physischen Reaktionen den Eintritt in die innere Psyche verwehren.

Uns geht es darum, das Verlangen zu verstehen und nicht um den brutalisierenden Faktor des Unterdrückens, des Ausweichens oder des Sublimierens. Ohne Verlangen kann man nicht leben. Wenn man Hunger hat, braucht man Nahrung. Aber es zu verstehen, das heißt, die ganze Aktivität von Verlangen zu untersuchen, bedeutet, ihm den rechten Platz zu geben. So wird es nicht zur Quelle der Unordnung in unserem täglichen Leben.

Verantwortung, Vergleich

Was der Mensch dem Menschen angetan hat, ist grenzenlos. Er hat ihn gequält, er hat ihn verbrannt, er hat ihn getötet, er hat ihn in jeder nur möglichen Weise ausgebeutet − religiös, politisch und wirtschaftlich. Das war die Geschichte, wie der Mensch den Menschen behandelt hat; die Schlauen beuten die Dummen und die Unwissenden aus. Alle Philosophien sind intellektuell und daher nicht vollständig. Die Philosophien haben den Menschen versklavt. Sie haben erdacht, was die Gesellschaft sein sollte und haben die Menschheit ihren Konzepten geopfert; die Ideale der sogenannten Denker haben den Menschen entmenschlicht. Die Ausbeutung eines anderen, ob Mann oder Frau, scheint zur Art und Weise unseres täglichen Lebens zu gehören. Wir gebrauchen einander und akzeptieren das. Aus dieser sonderbaren Beziehung entsteht Abhängigkeit mit all dem Elend, der Verwirrung und der Agonie, die der Abhängigkeit innewohnt. Der Mensch hat innerlich wie auch äußerlich großen Verrat an sich selbst und anderen begangen, und wie kann es unter diesen Umständen Liebe geben?

Es ist daher sehr wichtig für den Erzieher, sich in seiner persönlichen Beziehung − nicht nur zum Schüler, sondern zur ganzen Menschheit − voll verantwortlich zu fühlen. Er ist die Menschheit. Wenn er sich nicht für sich selbst voll verantwortlich fühlt, wird er nicht fähig sein, diese Leidenschaft vollständiger

Verantwortung, diese Liebe zu fühlen. Fühlen Sie als Erzieher diese Verantwortung? Wenn nicht — warum nicht? Sie mögen sich für Ihre eigene Frau, Ihren Mann oder Ihre Kinder verantwortlich fühlen, und die Verantwortung für andere vielleicht übersehen oder nicht fühlen. Wenn Sie sich aber in sich selbst voll verantwortlich fühlen, können Sie gar nicht anders, als sich verantwortlich für die gesamte Menschheit zu fühlen.

Diese Frage — warum Sie sich nicht für andere verantwortlich fühlen — ist sehr wichtig. Verantwortlichkeit ist keine emotionale Reaktion, nicht etwas, das Sie sich selbst auferlegen — sich verantwortlich fühlen. Dann wird es zur Pflicht, und Pflicht hat den Duft oder die Schönheit dieser inneren Qualität der vollständigen Verantwortung verloren. Das ist nicht etwas, das Sie als Prinzip oder Idee einladen, um daran festzuhalten, so wie Sie einen Stuhl oder eine Uhr besitzen. Eine Mutter mag sich für ihr Kind verantwortlich fühlen, das Kind als ihr Fleisch und Blut empfinden und dem Baby daher all ihre Sorgfalt und Aufmerksamkeit für einige Jahre geben. Ist dieser mütterliche Instinkt Verantwortlichkeit? Es kann sein, daß uns die besondere Bindung an das Kind aus der Tierwelt vererbt wurde. Sie existiert in der ganzen Natur, beim winzigsten Vögelchen ebenso wie beim majestätischen Elefanten. Wir fragen: Ist dieser Instinkt Verantwortlichkeit? Wenn es das wäre, dann würden sich die Eltern für die rechte Art der Erziehung, für eine völlig andere Art der Gesellschaft verantwortlich fühlen. Sie würden darauf achten, daß es keine Kriege gibt und daß sie selbst in Güte aufblühen.

Die Menschen scheinen sich nicht für einander zu interessieren, sondern sich nur sich selbst gegenüber verpflichtet zu fühlen. Diese Verpflichtung ist totale

Verantwortungslosigkeit. Die eigenen Emotionen, das eigene persönliche Verlangen, die eigenen Bindungen, der Erfolg, der Fortschritt — das alles muß unweigerlich Rücksichtslosigkeit in offener oder subtiler Form erzeugen. Ist dies das Wesen wahrer Verantwortlichkeit?

In diesen Schulen ist der Gebende und der Nehmende gleichermaßen verantwortlich, und darum können sie niemals in diese besondere Art des Getrenntseins verfallen. Die egoistische Trennung ist vielleicht gerade die Wurzel der Degeneration der Ganzheit des Geistes, die uns so sehr am Herzen liegt. Das bedeutet nicht, daß es keine persönliche Beziehung gibt mit ihrer Zuneigung, mit ihrer Zartheit, mit ihrer Bestätigung und Unterstützung. Aber wenn die persönliche Beziehung allzu wichtig wird und sich nur einigen wenigen gegenüber verantwortlich zeigt, dann hat das Unheil begonnen; daß dies wahr ist, weiß jeder Mensch. Diese Zersplitterung von Beziehung ist der degenerierende Faktor in unserem Leben. Wir haben die Beziehung aufgespalten, so daß sie auf das Persönliche, auf eine Gruppe, auf eine Nation, auf ein gewisses Konzept usw. bezogen ist. Etwas, das aufgespalten ist, kann niemals die Ganzheit der Verantwortlichkeit erfassen. Vom Kleinen aus versuchen wir immer das Größere einzufangen. Das Bessere ist nicht das Gute, und all unser Denken basiert auf den »Besser«, dem »Mehr« — besser in Prüfungen, bessere Arbeit, besserer Status, bessere Götter, noblere Ideen.

Das Bessere ist das Ergebnis des Vergleichens. Das bessere Bild, die bessere Technik, der größere Musiker, der Talentiertere, der Schönere und der Intelligentere hängen von diesem Vergleich ab. Wir schauen selten ein Gemälde, einen Mann oder eine Frau um ihrer selbst willen an. Immer besteht diese ererbte Qualität des Vergleichs darin. Ist Liebe Vergleich? Kann man überhaupt sagen, man liebt den einen mehr als den anderen? Wenn dieses Vergleichen besteht, ist das Liebe? Wenn es dieses Gefühl des »Mehr« gibt, was Messen bedeutet, dann ist das Denken in Aktion. Liebe ist kein Denkvorgang. Dieses Messen ist Vergleichen. Wir werden während unseres ganzen Lebens dazu ermuntert, zu vergleichen. Wenn Sie in Ihrer Schule B mit A vergleichen, zerstören Sie alle beide.

Ist es also möglich, ohne irgendein Gefühl des Vergleichens zu erziehen? Und warum vergleichen wir? Wir vergleichen aus dem einfachen Grund, daß Messen die Art des Denkens ist und die Art unseres Lebens. In dieser Korruption sind wir erzogen. Das Bessere ist stets edler als das, was ist, als das, was tatsächlich vor sich geht. Das, was ist, ohne Vergleich, ohne das Maß zu beobachten, bedeutet, über das, was ist, hinauszugelangen.

Wenn es keinen Vergleich gibt, besteht Integrität. Es ist nicht so, daß Sie sich selbst treu sind — das ist eine Form von Messen —, aber wenn es überhaupt kein Messen gibt, dann entsteht die Qualität der Ganzheit. Das Wesen des Egos, des Ichs ist Messen. Wenn gemessen wird, besteht Fragmentierung. Das muß man von Grund auf verstehen, und zwar nicht als Idee, sondern als eine Tatsache. Wenn Sie diese Aussagen lesen, machen Sie vielleicht daraus eine Abstraktion in Form einer Idee, eines Konzeptes, und diese Abstraktion ist eine weitere Form des Messens. Das, was ist, kann nicht gemessen werden. Bitte verstehen Sie dies mit Ihrem ganzen Herzen. Wenn Sie die volle Bedeutung davon erfaßt haben, wird Ihre Beziehung zum Schüler und zu Ihrer eigenen Familie ganz anders werden. Wenn Sie fragen, ob diese Beziehung besser sein wird, sind Sie im Rad des Messens gefangen. Dann sind Sie verloren. Sie werden den Unterschied feststellen, wenn Sie es tatsächlich ausprobieren. Das Wort Unterschied bedeutet zwar messen, aber wir benutzen das Wort nicht im Sinne des Vergleichens. Fast in jedem Wort, das wir benutzen, schwingt der Faktor des Messens mit, und so beeinflussen die Worte unsere Reaktionen, und die Reaktionen vertiefen das Gefühl des Vergleichens. Wort und Reaktion stehen in einer Wechselbeziehung, und die Kunst besteht darin, nicht durch das Wort konditioniert zu werden, das heißt, daß uns die Sprache nicht formt. Benutzen Sie das Wort ohne die dazugehörenden psychologischen Reaktionen.

Wie wir sagten, sind wir daran interessiert, miteinander über das Wesen der geistigen Degeneration, das heißt, über unsere Lebensweise zu sprechen. Begeisterung ist nicht Leidenschaft. Sie können heute von etwas begeistert sein und morgen nicht mehr. Sie können begeistert sein vom Fußballspiel und das Interesse daran verlieren, wenn es Sie nicht mehr amüsiert. Leidenschaft aber ist etwas vollkommen anderes. Darin liegt kein zeitlicher Abstand.

Leidenschaft

In der Regel haben die Eltern für ihre Kinder, außer
für Babys, wenig Zeit. Sie schicken sie in die örtliche
Schule oder ins Internat oder lassen zu, daß sich andere um sie kümmern. Sie haben vielleicht weder die
Zeit noch die notwendige Geduld, sie zu Hause zu
erziehen. Sie sind mit ihren eigenen Problemen beschäftigt. So werden also unsere Schulen zu einem
Zuhause für die Kinder, und die Erzieher werden zu
Eltern mit aller Verantwortung. Wir haben bereits
darüber geschrieben, und es ist nicht unangebracht, es
zu wiederholen: Ein Zuhause ist ein Ort, an dem eine
gewisse Freiheit herrscht, das Gefühl, geborgen, be-
hütet und beschützt zu sein. Empfinden die Kinder
das in unseren Schulen? Empfinden sie, daß man
sorgfältig auf sie achtet, ihnen viele Gedanken und
große Zuneigung zukommen läßt und Interesse an
ihrem Verhalten, ihrer Nahrung, ihrer Kleidung und
ihren Manieren zeigt? Wenn ja, dann wird die Schule
ein Ort, wo der Schüler sich wirklich zu Hause fühlt
mit allem, was dazu gehört: Daß Menschen um ihn
sind, die auf seinen Geschmack achten und darauf,
wie er spricht, daß er physisch und auch psychisch
betreut wird und daß man ihm hilft, von Verletzung
und Angst frei zu sein. Diese Verantwortung hat jeder
Lehrer — nicht nur einige wenige — an diesen Schulen. Die ganze Schule besteht, um für eine Atmosphäre zu sorgen, in der sowohl Lehrer als auch Schüler in
Güte aufblühen können.

Der Erzieher braucht Muße, um still bei sich zu sein, um die Energie zu sammeln, die verbraucht wurde, um sich seiner eigenen persönlichen Probleme bewußt zu sein und sie zu lösen, damit er, wenn er dem Schüler begegnet, nicht das Gerede, den Lärm seiner persönlichen Unruhe mit sich schleppt. Wir haben schon früher darauf hingewiesen, daß jedes Problem, das sich in unserem Leben erhebt, augenblicklich oder so rasch wie möglich gelöst werden sollte. Wenn Probleme von einem Tag zum andern mitgeschleppt werden, degeneriert die Empfindsamkeit des ganzen Geistes. Diese Empfindsamkeit ist wesentlich. Wir verlieren diese Empfindsamkeit, wenn wir den Schüler einfach nur in einem Fach unterrichten. Wenn das Fach das einzig wichtige wird, schwindet die Empfindsamkeit, und dann verlieren Sie wirklich den Kontakt zum Schüler. Der Schüler ist dann nur ein Speicher für die Information. Auf diese Weise wird Ihr Geist und auch der des Schülers mechanisch. Im allgemeinen sind wir unseren eigenen Problemen, unseren eigenen Wünschen und Gedanken gegenüber empfindsam, aber selten anderen gegenüber. Wenn wir mit dem Schüler ständig in Kontakt sind, besteht die Tendenz, ihm unsere eigenen Vorstellungen aufzuerlegen, und wenn der Schüler seine eigene feste Vorstellung hat, gibt es Konflikt zwischen diesen Vorstellungen. Es ist daher sehr wichtig, daß der Lehrer seine Vorstellungen fallen läßt und sich mit den Vorstellungen befaßt, welche die Eltern und die Gesellschaft dem Schüler auferlegt haben, oder mit der Vorstellung, die er selbst erzeugt hat. Nur im Handeln kann Beziehung bestehen, und im allgemeinen ist eine Beziehung zwischen zwei Vorstellungen eine Illusion.

Physische und psychische Probleme vergeuden unsere Energie. Kann der Erzieher in diesen Schulen physisch sicher und doch von psychischen Problemen frei sein? Es ist wirklich wichtig, das zu verstehen. Wenn das Gefühl der physischen Sicherheit nicht besteht, schafft die Unsicherheit psychische Unruhe. Dies verstärkt ein Abstumpfen des Geistes, und damit schwindet die Leidenschaft, die für unser tägliches Leben so notwendig ist, und Begeisterung tritt an ihre Stelle.

Begeisterung ist etwas Gefährliches, denn sie ist nie gleichbleibend. Sie erhebt sich wie eine Woge und ist dahin. Dies hält man irrtümlicherweise für Ernsthaftigkeit. Man mag eine Zeitlang begeistert sein für das, was man tut, eifrig und aktiv, aber die Begeisterung verliert sich. Es ist wiederum wichtig, das zu verstehen, denn die meisten Beziehungen neigen zu dieser Art von Vergeudung.

Leidenschaft ist etwas völlig anderes als Begierde, Interesse oder Begeisterung. Das Interesse an etwas kann sehr groß sein, und man kann es für Profit oder Macht benutzen, aber ein solches Interesse ist nicht Leidenschaft. Interesse kann durch ein Objekt oder eine Idee stimuliert werden. Interesse ist Sichgehenlassen. Leidenschaft ist frei vom Selbst. Begeisterung besteht immer in bezug auf etwas. Leidenschaft ist selbst eine Flamme. Begeisterung kann durch einen anderen geweckt werden, durch etwas außerhalb von Ihnen. Leidenschaft ist die Summe aller Energie, die nicht das Ergebnis irgendeiner Stimulation ist. Leidenschaft ist jenseits vom Selbst.

Haben die Lehrer dieses Gefühl der Leidenschaft? – Denn daraus entsteht Schöpfung. Im Unterrichten von Fächern muß man neue Wege der Übermittlung von Informationen finden, ohne daß diese Information den Geist zu mechanisch macht. Können Sie Geschichte lehren — was die Geschichte der Menschheit ist —, und zwar nicht als indische, englische, amerikanische Geschichte usw., sondern als globale Geschichte des Menschen? Dann ist der Geist des Erziehers immer frisch und eifrig und entdeckt einen völlig neuen Weg zum Lehren. Dabei ist der Lehrer sehr lebendig, und mit dieser Lebendigkeit geht Leidenschaft einher.

Kann das an allen unseren Schulen verwirklicht werden? — Denn wir befassen uns damit, eine andere Gesellschaft hervorzubringen und mit dem Erblühen der Güte, mit einem nicht mechanistischen Geist. Das ist wahre Erziehung. Wollen Sie, die Erzieher, diese Verantwortung auf sich nehmen? In dieser Verantwortung liegt es, daß Sie und der Schüler in Güte aufblühen. Wir sind für die gesamte Menschheit verantwortlich — das sind Sie und der Schüler. Dort müssen Sie beginnen und dann die ganze Erde erfassen. Man kann sehr weit gehen, wenn man sehr nahe beginnt. Das Nächste sind Sie und Ihr Schüler. Wir beginnen gewöhnlich mit dem Entlegensten — dem höchsten Prinzip, dem größten Ideal — und verlieren uns in irgendeinem nebulösen Traum fantastischen Denkens. Wenn Sie aber sehr nahe beginnen, beim Nächsten, d. h. bei sich selbst, dann ist die Welt offen, denn Sie sind die Welt, und die Welt jenseits von Ihnen ist nur Natur. Natur ist nichts Imaginäres: Sie ist Wirklichkeit, und das, was Ihnen jetzt geschieht, ist Wirklichkeit. Von der Wirklichkeit müssen Sie ausgehen — von dem, was gerade geschieht —, und das Jetzt ist zeitlos.

Selbstsucht

Die meisten Menschen sind selbstsüchtig. Sie sind
sich ihrer eigenen Selbstsucht nicht bewußt; es ist ihre
Lebensweise. Und wenn man sich bewußt ist, daß
man selbstsüchtig ist, verbirgt man dies sehr sorgfältig und paßt sich der Gesellschaftsnorm an, die in
ihrem Wesen auch selbstsüchtig ist. Der selbstsüchti-
ge Geist ist sehr listig. Er ist entweder brutal und
offen selbstsüchtig, oder er nimmt viele andere Formen an. Wenn man Politiker ist, sucht die Selbstsucht
Macht, Status und Popularität; sie identifiziert sich
mit einer Idee, einer Mission, und das alles für das
Wohl der Öffentlichkeit. Ist man Tyrann, drückt sie
sich in brutaler Herrschaft aus. Wenn man religiös ist,
nimmt sie die Form der Anbetung, der Frömmigkeit,
der Hingabe an einen Glauben, ein Dogma an. Sie
drückt sich auch in der Familie aus: der Vater drückt
seine Selbstsucht in seiner ganzen Lebensweise aus,
und das gleiche tut die Mutter. Ruhm, Wohlstand
oder gutes Aussehen bilden eine Basis für diesen sich
heimlich einschleichenden Vorgang des Selbst. Das
zeigt sich in der hierarchischen Struktur der Priester-
schaft, wie sehr sie auch ihre Gottesliebe proklamie-
ren mag, und im Festhalten an dem selbstgeschaffenen Bild ihrer speziellen Gottheit. Die Industriekapi-
täne haben genau wie der arme Angestellte diese sich
ausdehnende, lähmende Sinnlichkeit des Selbst. Der
Mönch, der die weltlichen Wege verlassen hat — mag
er über die Erde wandern oder in irgendeinem Kloster

eingeschlossen sein — , hat dennoch diese nicht endenwollende Bewegung des Selbst nicht hinter sich gelas-
sen. Sie mögen ihre Namen ändern, Roben anlegen
oder den Eid des Zölibats oder des Schweigens ablegen, aber in ihnen brennt irgendein Ideal, irgendeine
Vorstellung, irgendein Symbol.

Es ist dasselbe bei den Wissenschaftlern wie bei den
Philosophen und den Universitätsprofessoren. Derje-
nige, der gute Werke tut, die Heiligen und Gurus, die
Männer oder Frauen, die unentwegt für die Armen
arbeiten — sie alle versuchen in ihrer Arbeit aufzuge-
hen, aber die Arbeit ist Teil der Selbstsucht. Sie haben
ihr Geltungsbedürfnis auf ihre Arbeit übertragen. Es
beginnt in der Kindheit und setzt sich bis ins hohe
Alter fort. Die Eitelkeit des Wissens, die geübte Demut des Führers, die unterwürfige Frau und der dominierende Mann, alle haben dieses Übel. Das Selbst
identifiziert sich mit dem Staat, mit zahllosen Grup-
pen, mit zahllosen Ideen und Vorhaben — aber das
Selbst bleibt, was es zu Anfang war.

Die Menschen haben verschiedene Übungen, Me-
thoden und Meditationsformen ausprobiert, um von
diesem Zentrum frei zu sein, das so viel Elend und
Verwirrung stiftet; aber wie ein Schatten wird es nie
eingefangen. Es ist immer da und schlüpft Ihnen
durch die Finger, durch den Geist. Manchmal wird es
gestärkt, oder es wird den Umständen entsprechend
schwächer. Hier treibt man es in die Enge, dort taucht
es wieder auf.

Man möchte wissen, ob der Erzieher, der für eine
neue Generation so sehr verantwortlich ist, auf der
nicht verbalen Ebene versteht, welch eine unheilvolle
Sache das Selbst ist — wie korrupt und verzerrend,
wie gefährlich es in unserem Leben ist. Er weiß vielleicht nicht, wie er davon frei werden kann, es ist ihm

vielleicht nicht einmal bewußt, aber wenn er einmal das Wesen der Bewegung des Selbst erkennt, kann er oder sie dann dem Schüler diese Subtilität vermitteln? Und liegt es nicht in seiner Verantwortung, das zu tun? Einsicht in das Funktionieren des Selbst ist mehr als akademisches Lernen. Wissen kann vom Selbst für seine eigene Erweiterung, seine Aggressivität, seine angeborene Grausamkeit benutzt werden.

Selbstsucht ist das Hauptproblem unseres Lebens. Anpassung und Nachahmung sind Teil des Selbst, genau wie der Wettbewerb und die Skrupellosigkeit des Talents. Wenn der Erzieher an diesen Schulen sich diese Frage ernsthaft zu Herzen nimmt, und ich hoffe, daß er das tut, wie wird er dann dem Schüler helfen, selbstlos zu sein? Sie könnten sagen, Selbstlosigkeit sei eine Gabe seltsamer Götter oder es als unmöglich ab-tun. Aber wenn es Ihnen ernst ist − und das muß es sein − und Sie sich für den Schüler voll verantwortlich fühlen, wie werden Sie dann daran gehen, den Geist zu befreien von dieser zeitlos bindenden Energie? Vom Selbst, das so viel Leid verursacht hat? Würden Sie nicht dem Schüler in einfachen Worten und mit großer Sorgfalt − was Zuneigung bedeutet − erklären, worin die Folgen bestehen, wenn er im Zorn spricht oder wenn er jemanden schlägt oder wenn er an seine eigene Wichtigkeit denkt? Ist es nicht möglich, ihm zu erklä-ren, daß, wenn er darauf besteht »dies gehört mir« oder prahlt »das habe ich getan« oder aus Angst eine bestimmte Handlung unterläßt, er dadurch, Stein auf Stein, eine Mauer um sich herum errichtet? Ist es nicht möglich, ihm aufzuzeigen, daß der Schatten des Selbst wächst, wenn sein Verlangen und seine Gefühle sein rationales Denken überwältigen? Ist es nicht möglich, ihm zu sagen: Wo das Selbst ist, in welcher Verklei-dung auch immer, ist keine Liebe?

Der Schüler könnte jedoch den Erzieher fragen: »Haben Sie all das verwirklicht, oder spielen Sie nur mit Worten?« Eben diese Frage könnte Ihre eigene Intelligenz erwecken, und genau diese Intelligenz wird Ihnen das rechte Gefühl vermitteln und Sie die richtige Antwort finden lassen.

Als Erzieher haben Sie keinen Status; Sie sind ein Mensch mit all den Problemen des Lebens, wie der Schüler. In dem Augenblick, da Sie sich auf Ihren Status beziehen, zerstören Sie tatsächlich die menschliche Beziehung. Status bedeutet Macht, und wenn Sie diese bewußt oder unbewußt anstreben, betreten Sie eine Welt der Grausamkeit. Sie haben eine große Verantwortung, mein Freund, und wenn Sie diese alles umfassende Verantwortung, die Liebe ist, auf sich nehmen, dann sind die Wurzeln des Selbst beseitigt. Das soll keine Ermutigung sein oder Ihnen das Gefühl geben, Sie müßten dies tun, aber da wir alle Menschen sind, die die gesamte Menschheit repräsentieren, sind wir voll und ganz verantwortlich, ob wir das wollen oder nicht. Sie versuchen vielleicht, es zu umgehen, aber genau diese Bewegung ist die Handlung des Selbst. Klarheit der Wahrnehmung ist die Befreiung vom Selbst.

Körperintelligenz

Das Erblühen von Güte bedeutet, daß unsere ganze Energie freigesetzt wird. Das heißt nicht Kontrolle oder Unterdrückung von Energie, sondern vielmehr die völlige Freiheit dieser unermeßlichen Energie. Sie wird begrenzt, eingeengt durch das Denken, durch die Fragmentierung unserer Sinne. Das Denken selbst ist die Energie, die sich in eine enge Spur manövriert, ein Zentrum des Selbst. Güte kann erst erblühen und sich entfalten, wenn Energie frei ist; aber das Denken hat gerade durch sein Wesen diese Energie begrenzt, und so findet die Fragmentierung der Sinne statt. Es gibt also die Sinne, die Sinneswahrnehmungen, das Verlangen und die Bilder, die das Denken aus den Wünschen heraus erzeugt. All das ist ein Zerteilen der Energie. Kann dieser begrenzte Vorgang sich seiner selbst bewußt sein? Das heißt, können die Sinne sich selbst wahrnehmen? Kann das Verlangen sehen, wie es sich selbst aus den Sinnen erhebt, indem es das Bild wahrnimmt, das das Denken erzeugt hat? Und kann das Denken sich seiner selbst, des eigenen Vorgangs bewußt sein? All das bedeutet: Kann der gesamte Körper sich seiner selbst bewußt sein?

Wir leben durch unsere Sinne. Einer von ihnen dominiert gewöhnlich; das Hören, das Sehen, das Schmecken usw. scheinen getrennt voneinander zu sein, aber ist dies eine Tatsache? Oder ist es so, daß wir dem einen oder dem anderen größere Bedeutung beigemessen haben − beziehungsweise, daß ihm das

Denken die größere Bedeutung beigemessen hat? Man kann großartige Musik hören und Freude daran haben und trotzdem gefühllos anderen Dingen gegenüber sein. Man kann einen feinsinnigen Geschmack haben und einer zarten Farbe gegenüber völlig stumpf sein; das ist Fragmentation. Wenn jedes Fragment sich nur seiner selbst bewußt ist, wird die Fragmentation aufrechterhalten. Die Energie wird auf diese Weise zerteilt. Wenn das so ist, und es scheint so zu sein, gibt es dann ein nicht fragmentiertes Bewußtsein aller Sinne? Und das Denken ist Teil der Sinne. Das bedeutet — kann der Körper sich seiner selbst bewußt sein? Nicht Sie sind sich Ihres eigenen Körpers bewußt, sondern der Körper selbst ist sich bewußt. Es ist sehr wichtig, das herauszufinden. Niemand anders kann Sie das lehren: sonst wäre es Information aus zweiter Hand, die das Denken sich selbst auferlegt. Sie müssen für sich selbst entdecken, ob der ganze Organismus, das physische Gebilde, sich seiner selbst bewußt sein kann. Sie sind sich vielleicht der Bewegung eines Armes, eines Beines oder des Kopfes bewußt und haben durch diese Bewegung das Gefühl, daß Sie sich des Ganzen bewußt werden, unsere Frage ist aber: Kann der Körper sich seiner selbst ohne jede Bewegung bewußt sein? Es ist sehr wichtig, daß man das herausfindet, denn das Denken hat dem Körper sein Muster aufgezwungen, d. h. das, was es für die richtige Art körperlicher Übung, Ernährung usw. hält. Das Denken herrscht also über den Organismus; bewußt oder unbewußt besteht ein Kampf zwischen dem Denken und dem Organismus. Auf diese Weise zerstört das Denken die natürliche Intelligenz des Körpers. Hat der Körper, der physische Organismus, seine eigene Intelligenz? Das hat er, wenn alle Sinne harmonisch zusammenwirken, so daß keine Anstrengung besteht und das Verlangen keine emotionalen oder sinnlichen Forderungen stellt. Wenn man hungrig ist, ißt man, und gewöhnlich diktiert der Geschmack, der sich durch Gewohnheiten bildet, das was man ißt. Also findet Fragmentierung statt. Ein gesunder Körper kann nur durch die Harmonie aller Sinne hervorgebracht werden, und das bedeutet Körperintelligenz. Wir fragen: Bringt nicht Disharmonie Energievergeudung mit sich? Kann die eigene Intelligenz des Organismus, die durch das Denken unterdrückt oder zerstört wurde, geweckt werden?

Erinnerungen verwüsten den Körper. Die Erinnerung an das Vergnügen von gestern macht das Denken zum Herrn über den Körper. Der Körper wird dann ein Sklave dieses Herrn, und die Intelligenz ist ausgeschaltet. Es besteht also ein Konflikt. Dieser Kampf kann sich als Trägheit, Müdigkeit, Gleichgültigkeit oder durch neurotische Reaktionen ausdrücken. Wenn der Körper seine eigene Intelligenz vom Denken befreit hat, obwohl das Denken ein Teil davon ist, wird diese Intelligenz auf das eigene Wohlbefinden achten.

Vergnügen beherrscht unser Leben — in sehr roher oder hochkultivierter Form. Und Vergnügen ist seinem Wesen nach eine Erinnerung — das, was gewesen ist oder erwartet wird. Vergnügen liegt niemals im Jetzt. Wenn das Vergnügen abgelehnt, unterdrückt oder blockiert wird, dann entstehen aus dieser Frustration neurotische Handlungen wie Gewalt und Haß. Dann sucht das Vergnügen andere Formen und Auswege: Zufriedenheit und Unzufriedenheit entstehen. Sich all dieser Aktivitäten physisch und psychisch bewußt zu sein, erfordert, daß man den gesamten Vorgang des eigenen Lebens beobachtet.

Wenn sich der Körper seiner selbst bewußt ist,

dann können wir eine weitere und vielleicht schwierigere Frage stellen: Kann das Denken, das dieses ganze Bewußtsein zusammengesetzt hat, sich seiner selbst gewahr sein? Die meiste Zeit beherrscht das Denken den Körper, und dadurch verliert der Körper seine Vitalität, seine Intelligenz, seine eigene innere Energie, und daraus entstehen neurotische Reaktionen. Ist die Körperintelligenz verschieden von der totalen Intelligenz, die nur zustande kommen kann, wenn das Denken seine eigene Begrenzung wahrnimmt und seinen richtigen Platz findet?

Wie wir am Anfang unseres Briefes gesagt haben, kann das Erblühen der Güte nur durch das Freisetzen der totalen Energie stattfinden. In diesem Freisetzen gibt es keine Reibung. Nur in dieser höchsten, ungeteilten Intelligenz geschieht das Erblühen. Diese Intelligenz ist nicht das Kind der Vernunft. Die Totalität dieser Intelligenz ist Mitempfinden.

Die Menschheit hat versucht, diese immense Energie freizusetzen: durch verschiedene Formen der Kontrolle, durch anstrengende Disziplin, durch Fasten, durch aufopfernden Verzicht zu Ehren eines höchsten Prinzips oder eines Gottes oder durch Manipulieren der Energie durch verschiedene Zustandsformen. All das bedeutet eine Manipulation des Denkens zu einem gewünschten Zweck. Was wir aber sagen, ist genau das Gegenteil davon.

Kann das dem Schüler vermittelt werden? Es liegt in Ihrer Verantwortung, es zu tun.

Bewußtsein

In diesen Schulen befassen wir uns damit, eine neue Generation von Menschen hervorzubringen, die von jedem ichbezogenen Handeln frei ist. Es gibt keine andere Erziehungsstätte, die sich damit befaßt, und es liegt in unserer Verantwortung als Erzieher, einen Geist herbeizuführen, der in sich selbst konfliktfrei ist, und auf diese Weise Kampf und Konflikt in der Welt um uns zu beenden. Kann sich der Geist — dieser komplexe Vorgang mit seiner komplizierten Struktur — aus dem Netz befreien, das er selbst gesponnen hat? Jeder intelligente Mensch fragt, ob es möglich ist, den Konflikt zwischen den Menschen zu beenden. Manche haben sich sehr tiefgehend intellektuell damit befaßt; andere, die die Hoffnungslosigkeit darin erkennen, werden bitter und zynisch, oder sie sehen sich nach einer äußeren Instanz um, die sie von ihrem eigenen Chaos und Elend befreit. Wenn wir fragen, ob sich der Geist aus seinem selbstgeschaffenen Gefängnis befreien kann, so ist das keine intellektuelle oder rhetorische Frage. Sie wird in allem Ernst gestellt: es ist eine Herausforderung, auf die Sie antworten müssen, nicht nach Ihrem eigenen Gutdünken, Ihrer Bequemlichkeit entsprechend, sondern gemäß der Tiefe der Herausforderung. Das kann nicht aufgeschoben werden.

Eine Herausforderung fragt nicht danach, ob es möglich ist oder nicht, ob der Geist fähig ist, sich selbst zu befreien: Die Herausforderung, wenn sie überhaupt irgend etwas wert ist, besteht unmittelbar und intensiv. Um ihr zu begegnen, müssen Sie die Qualität von Intensität und Unmittelbarkeit haben — das Gefühl davon. Wenn Sie sich dem so intensiv nähern, dann hat die Frage große Auswirkungen. Die Herausforderung verlangt das Höchste, das Äußerste von Ihnen, nicht nur intellektuell, sondern mit jeder Ihrer Fähigkeiten. Die Herausforderung ist nicht außerhalb von Ihnen. Bitte verlagern Sie sie nicht nach außen — was heißt, ein Konzept daraus zu machen. Sie fordern von sich die Gesamtheit all Ihrer Energie.

Genau diese Forderung hebt jede Kontrolle auf, jeden Widerspruch und jede Auflehnung in Ihnen selbst. Sie bedeutet vollkommene Integrität, völlige Harmonie. Dies ist das Wesen der Selbstlosigkeit.

Der Geist mit seinen emotionalen Reaktionen, mit all den Dingen, die das Denken zusammengetragen hat, ist unser Bewußtsein. Dieses Bewußtsein mit seinem Inhalt ist das Bewußtsein jedes Menschen — modifiziert, nicht ganz ähnlich, verschieden in Nuancen und Feinheiten, aber die Wurzeln seiner Existenz sind uns allen grundsätzlich gemeinsam. Wissenschaftler und Psychologen untersuchen dieses Bewußtsein, und die Gurus spielen damit, für ihren eigenen Vorteil. Die Ernsthaften untersuchen das Bewußtsein als ein Konzept, als einen Prozeß im Labor — die Reaktionen des Gehirns, Alphawellen usw. —, als etwas außerhalb ihrer selbst. Aber wir befassen uns nicht mit den Theorien, Konzepten, Ideen vom Bewußtsein: wir befassen uns mit seiner Aktivität in unserem täglichen Leben. Wenn wir diese Aktivitäten, die täglichen Reaktionen und die Konflikte verstehen, werden wir eine Einsicht in das Wesen und die Struktur unseres Bewußtseins bekommen. Wie wir bereits zeigten, ist die Grundrealität dieses Bewußtseins uns

allen gemeinsam. Es ist nicht Ihr spezielles Bewußtsein oder meines. Wir haben es geerbt, und wir modi-
fizieren es, indem wir es hier und da verändern, aber
seine Grundbewegung ist der ganzen Menschheit gemeinsam.

Dieses Bewußtsein ist unser Geist mit der ganzen
Kompliziertheit des Denkens — mit den Emotionen,
den Sinnesreaktionen, dem angesammelten Wissen,
dem Leid, dem Schmerz, der Sorge, der Gewalt. All
das ist unser Bewußtsein. Das Gehirn ist uralt, und es
ist konditioniert durch Jahrhunderte der Evolution,
durch jede Art der Erfahrung, durch die jüngsten Bei-
träge immer größeren Wissens. Das alles ist Bewußtsein in Aktion — jeden Augenblick unseres Lebens:
die Beziehungen zwischen den Menschen mit all den
Vergnügungen, den Schmerzen, der Verwirrtheit von
widersprüchlichen Gefühlen und der Befriedigung
des Verlangens mit dem Leid im Gefolge. Das ist der
Lauf unseres Lebens. Wir fragen, und dem muß man
wie einer Herausforderung begegnen, ob diese uralte
Bewegung jemals enden kann? — Denn es ist zu einer
mechanischen Aktivität, zu einer traditionellen Lebensweise geworden. Im Beenden liegt ein Anfang,
und erst dann gibt es weder Ende noch Anfang.

Das Bewußtsein scheint eine sehr komplizierte Angelegenheit zu sein, tatsächlich ist es aber sehr einfach.
Das Denken hat den ganzen Inhalt unseres Bewußtseins zusammengesetzt — seine Sicherheit, seine Ungewißheit, seine Hoffnungen und Ängste, die De-
pression und die Hochstimmung, das Ideal, die Illusion. Wenn dies einmal begriffen worden ist — daß
das Denken für den gesamten Inhalt unseres Bewußtseins verantwortlich ist —, dann erhebt sich die unvermeidliche Frage, ob das Denken beendet werden
kann. Es sind viele Versuche gemacht worden, reli-

giöser ebenso wie mechanischer Natur, das Denken zu beenden. Und eben das Begehren, das Denken zu beenden, ist ein Teil des Denkvorgangs. Selbst die Suche nach Überbewußtsein liegt noch im Rahmen des Denkens. Die Götter, die Rituale, die ganze emotionale Illusion der Kirchen, der Tempel und Moscheen mit ihrer wunderbaren Architektur: auch das gehört zum Denkvorgang. Gott wird durch das Denken in den Himmel gesetzt.

Das Denken hat die Natur nicht geschaffen. Sie ist real. Der Stuhl ist auch real, wurde aber vom Denken gemacht; all die Dinge, welche die Technologie hervorgebracht hat, sind real. Illusionen weichen dem Tatsächlichen aus (dem, was gerade stattfindet), aber Illusionen werden real, weil wir von ihnen leben.

Der Hund ist nicht vom Denken geschaffen, aber unser Wunsch, wie der Hund zu sein hat, ist ein Denkvorgang. Denken ist Messen. Denken ist Zeit. Dieses Ganze ist unser Bewußtsein. Der Geist, das Gehirn, die Sinne sind ein Teil davon. Wir fragen: kann diese Bewegung zu einem Ende kommen? Das Denken ist die Wurzel all unseres Leids, all unserer Häßlichkeit. Was wir uns wünschen, ist, daß diese Dinge, die das Denken zusammengesetzt hat, zu einem Ende kommen – nicht das Ende des Denkens selbst, sondern das Ende unserer Sorge, unseres Kummers, unseres Schmerzes, unserer Macht, unserer Gewalt. Wenn das beendet ist, erhält das Denken seinen ihm gebührenden, begrenzten Stellenwert – als Alltagswissen und als Gedächtnis, das man braucht. Wenn die Bewußtseinsinhalte, die das Denken zusammengestellt hat, nicht mehr aktiv sind, dann entsteht unermeßlicher Raum. Und damit wird die immense Energie freigesetzt, die durch das Bewußtsein begrenzt wurde. Liebe ist jenseits dieses Bewußtseins.

Die Kunst des Lebens

Fragesteller: Wenn ich Sie fragen darf, was gehört für Sie zu den wichtigsten Dingen im Leben? Ich habe viel darüber nachgedacht, und es gibt im Leben so vieles, was wichtig erscheint. Ich möchte Ihnen diese Frage mit vollem Ernst stellen.

Krishnamurti: Vielleicht ist es die Kunst des Lebens. Wir gebrauchen das Wort Kunst in seinem weitesten Sinne. Weil das Leben so sehr komplex ist, ist es immer ziemlich schwierig und verwirrend, einen Aspekt herauszugreifen und zu sagen, er sei der wichtigste. Gerade die Auswahl, die differenzierende Eigenschaft, führt — wenn ich darauf hinweisen darf — zu weiterer Verwirrung. Wenn Sie sagen, dies ist das Wichtigste, dann verweisen Sie die anderen Fakten des Lebens in eine zweitrangige Position. Entweder wir nehmen die gesamte Bewertung des Lebens als Einheit, was für die meisten Menschen extrem schwierig ist, oder wir nehmen einen fundamentalen Aspekt, in den dann die anderen mit einbezogen werden können. Wenn Sie dem zustimmen, können wir mit unserem Dialog fortfahren.

Fragesteller: Wollen Sie damit ausdrücken, daß ein Aspekt den ganzen Bereich des Lebens umfassen könnte? Ist das möglich?

Krishnamurti: Es ist möglich. Lassen Sie uns sehr langsam und zögernd beginnen. Wir müssen beide zuerst forschen und nicht sofort zu irgendeiner Schlußfolgerung kommen, die im allgemeinen recht oberflächlich ist. Wir erforschen gemeinsam eine Facette des Lebens, und gerade indem wir sie verstehen, können wir vielleicht den ganzen Bereich des Lebens umfassen. Wenn wir forschen, müssen wir frei von unseren Vorurteilen, persönlichen Erfahrungen und vorgefertigten Schlußfolgerungen sein. Wie ein guter Wissenschaftler müssen wir einen Geist haben, der nicht vom Vorwissen getrübt ist. Wir müssen der Sache frisch begegnen. Das ist eine der Notwendigkeiten, wenn wir etwas erforschen — und zwar nicht eine Idee oder eine Reihe philosophischer Konzepte, sondern unseren eigenen Geist erforschen, ohne irgendeine Reaktion auf das, was beobachtet wird, zu haben. Dies ist absolut notwendig, sonst wird Ihr Forschen von Ihren eigenen Ängsten, Hoffnungen und Freuden gefärbt sein.

Fragesteller: Verlangen Sie nicht zu viel? Ist es möglich, einen solchen Geist zu haben?

Krishnamurti: Der Drang zu forschen, und die Intensivität dabei, befreit den Geist von seiner Färbung. Wie wir schon sagten, gehört die Kunst zu leben zu den wichtigsten Dingen. Gibt es eine Art, das tägliche Leben zu führen, die völlig anders ist als das sogenannte Normale? Wir alle kennen das Übliche. Gibt es eine Lebensweise ohne jede Kontrolle, ohne jeden Konflikt, ohne disziplinierte Anpassung? Wie finde ich es heraus? Ich kann es nur herausfinden, wenn mein ganzer Geist mit dem, was jetzt geschieht, konfrontiert wird. Das bedeutet, ich kann nur herausfinden, was es bedeutet, ohne Konflikt zu leben, wenn das, was jetzt geschieht, beobachtet werden kann. Diese Beobachtung ist keine intellektuelle oder emotionale Angelegenheit, sondern die präzise, klare, scharfe Wahrnehmung, in der keine Dualität besteht. Es gibt nur das Tatsächliche und sonst nichts.

Fragesteller: Was verstehen Sie in diesem Fall unter Dualität?

Krishnamurti: Daß es in dem, was vor sich geht, keinen Gegensatz, keinen Widerspruch gibt; Dualität entsteht nur, wenn man vor dem, was ist, flieht. Diese Flucht schafft den Gegensatz, und daher entsteht Konflikt. Es gibt nur das Tatsächliche und sonst nichts.

Fragesteller: Sagen Sie damit, wenn etwas, was jetzt geschieht, wahrgenommen wird, darf sich der Geist mit seinen Assoziationen und Reaktionen nicht einmischen?

Krishnamurti: Ja, das meinen wir. Die Assoziationen und Reaktionen auf das, was geschieht, sind die Konditionierung des Geistes. Diese Konditionierung verhindert, daß wir das, was jetzt geschieht, beobachten. Was jetzt geschieht, ist nicht in der Zeit. Zeit ist die Entwicklungsgeschichte unserer Konditionierung. Sie ist das Erbe der Menschen, die Bürde, die keinen Anfang hat. In der leidenschaftlichen Beobachtung von dem, was geschieht, löst sich das, was beobachtet wird, in nichts auf. Die Beobachtung der Wut, die jetzt besteht, enthüllt das ganze Wesen und die Struktur der Gewalt. Diese Einsicht beendet alle Gewalt. Sie wird nicht durch etwas anderes ersetzt, und darin liegt unsere Schwierigkeit. Unser ganzes Verlangen, unser ganzes Drängen ist darauf aus, ein definitives Ende zu finden. In diesem Ende liegt ein Gefühl illusionärer Sicherheit.

Fragesteller: Beim Beobachten der Wut besteht für viele von uns eine Schwierigkeit, denn Emotionen und Reaktionen scheinen unentwirrbare Teile dieser Wut zu sein. Ohne Assoziationen, ohne Inhalt empfindet man keine Wut.

Krishnamurti: Die Wut hat vielerlei Geschichten

hinter sich. Sie ist nicht nur ein Einzelereignis. Sie hat, wie Sie aufzeigten, eine Menge von Assoziationen. Gerade diese Assoziationen mit ihren Emotionen verhindern die tatsächliche Beobachtung. Der Inhalt der Wut ist die Wut. Die Wut ist der Inhalt; es sind nicht zwei getrennte Dinge. Der Inhalt ist die Konditionierung. Wenn man das, was tatsächlich geschieht – das heißt, die Aktivität der Konditionierung –, wissenschaftlich beobachtet, werden Art und Struktur der Konditionierung aufgelöst.

Fragesteller: Wollen Sie sagen, daß es im Geist eine unmittelbare, reißende Strömung von Assoziationen gibt, wenn ein Ereignis stattfindet? Und wenn man augenblicklich sieht, wie dieses Geschehen beginnt, beendet diese Beobachtung es augenblicklich, und es ist verschwunden. Ist es das, was Sie meinen?

Krishnamurti: Ja, es ist wirklich sehr einfach, so einfach, daß Sie eben diese Einfachheit verfehlen und damit auch die Subtilität. Wir sagen, was auch immer geschieht – wenn Sie gehen, sprechen, »meditieren« –, Sie müssen das Ereignis, das stattfindet, beobachten. Wenn die Gedanken umherschweifen, beendet genau die Beobachtung das Geschwätz. Es gibt also niemals die geringste Ablenkung.

Fragesteller: So wie Sie es sagen, sieht es aus, als habe der Inhalt des Denkens im wesentlichen keine Bedeutung für die Kunst des Lebens.

Krishnamurti: Ja. Erinnerung hat in der Kunst des Lebens keinen Platz. Beziehung ist die Kunst des Lebens. Wenn es in der Beziehung Erinnerungen gibt, ist es keine Beziehung. Beziehung besteht zwischen Menschen, nicht zwischen ihren Erinnerungen. Es sind diese Erinnerungen, die trennen, und daher kommt es zu Streit und dem Gegensatz zwischen dem Du und dem Ich. Also hat das Denken, das Erinnerung ist, keinerlei Platz in der Beziehung. Das ist die Kunst des Lebens.

Beziehung besteht zu allen Dingen — zur Natur, zu den Vögeln, zu den Felsen, zu allem um uns herum und über uns — zu den Wolken, den Sternen und dem blauen Himmel. Alles Leben ist Beziehung. Ohne sie kann man nicht leben. Weil wir die Beziehung korrumpiert haben, leben wir in einer degenerierenden Gesellschaft.

Die Kunst des Lebens kann nur dann entstehen, wenn das Denken die Liebe nicht vergiftet.

Kann der Lehrer an den Schulen dieser Kunst gänzlich verpflichtet sein?

Worte

Die größte Kunst ist die Kunst des Lebens, größer als alle Dinge, welche die Menschen je geschaffen haben, vom Verstand her oder mit den Händen, und größer als alle heiligen Schriften und ihre Götter. Nur durch diese Kunst des Lebens kann eine neue Kultur entstehen. Es liegt in der Verantwortung jedes Lehrers, besonders an diesen Schulen, dies hervorzubringen. Diese Kunst des Lebens kann nur aus totaler Freiheit entstehen.

Diese Freiheit ist kein Ideal, nicht etwas, was sich schließlich ergeben soll. Der erste Schritt in die Freiheit ist auch der letzte. Es ist der erste Schritt, der zählt, nicht der letzte. Das, was Sie jetzt tun, ist weitaus wichtiger als das, was Sie irgendwann in der Zukunft tun werden. Leben ist das, was in diesem Augenblick geschieht, nicht in einem vorgestellten Augenblick, nicht das, was das Denken uns vortäuscht. Also ist der erste Schritt, den Sie jetzt unternehmen, der wichtige. Wenn dieser Schritt in der richtigen Richtung erfolgt, öffnet sich Ihnen das ganze Leben. Die richtige Richtung ist nicht auf ein Ideal, auf ein vorbestimmtes Ziel gerichtet. Sie ist nicht zu trennen von dem, was gerade jetzt vor sich geht. Dies ist keine Philosophie, keine Reihe von Theorien. Es ist genau das, was das Wort Philosophie bedeutet − die Liebe zur Wahrheit, die Liebe zum Leben. Es ist nicht etwas, das Sie an einer Universität lernen können. Die Kunst des Lebens lernen wir in unserem täglichen Leben.

Wir leben durch Worte, und Worte werden zu unserem Gefängnis. Die Worte sind notwendig, um zu kommunizieren, aber das Wort ist nie die Sache. Das Tatsächliche ist nicht das Wort, das Wort aber wird äußerst wichtig, wenn es die Stelle von dem, was ist, eingenommen hat. Sie können dieses Phänomen beobachten, wenn die Beschreibung statt der Sache selbst zur Realität geworden ist – das Symbol, das wir anbeten, der Schatten, dem wir folgen, die Illusion, an die wir uns klammern. Und so formt das Wort, die Sprache unsere Reaktionen. Die Sprache wird zur zwingenden Macht, und unser Geist wird durch das geformte Wort beherrscht. Die Worte Nation, Staat, Gott, Familie usw. verhüllen uns mit all ihren Assoziationen, und so wird unser Geist zum Sklaven der Wortzwänge.

Fragesteller: Wie kann das vermieden werden?

Krishnamurti: Das Wort ist nie die Sache. Das Wort Ehefrau ist nicht die Person, das Wort Tür ist niemals das Ding. Das Wort verhindert die tatsächliche Wahrnehmung der Sache oder der Person, weil das Wort viele Assoziationen hat. Diese Assoziationen, die eigentlich Erinnerungen sind, verzerren nicht nur die visuelle Beobachtung, sondern auch die psychologische. Worte werden dann für den freien Fluß der Beobachtung zur Barriere. Nehmen Sie die Worte Premierminister und Büroangestellter. Sie beschreiben Funktionen, aber das Wort Premierminister ist beladen mit ungeheurer Bedeutung von Macht, Status, Wichtigkeit, während mit dem Wort Büroangestellter Assoziationen der Bedeutungslosigkeit, des niedrigen Status und der Machtlosigkeit einhergehen. Also hindert das Wort Sie daran, beide als menschliche Wesen zu betrachten. Den meisten von uns ist Snobismus angeboren, aber zu erkennen, was Worte unserem

Denken zugefügt haben und sich dessen ohne auszuwählen bewußt zu sein, bedeutet, die Kunst der Beobachtung zu erlernen – d. h. beobachten, ohne zu assoziieren.

Fragesteller: Ich verstehe, was Sie sagen, aber wiederum ist die Schnelligkeit des Assoziierens so unmittelbar, daß die Reaktion erfolgt, bevor man es wahrnimmt. Ist es möglich, dies zu verhindern?

Krishnamurti: Ist das nicht eine falsche Frage? Wer soll es verhindern? Ein anderes Symbol, ein anderes Wort, eine andere Idee? Wenn das so ist, hat man die ganze Bedeutung der Versklavung des Geistes durch Wort und Sprache nicht erkannt. Wie Sie sehen, gebrauchen wir Worte emotional; es ist eine Form emotionalen Denkens, abgesehen vom Gebrauch technologischer Worte wie Maße oder Zahlen, die präzise sind. In der menschlichen Beziehung und Aktivität spielen Emotionen eine große Rolle. Das Verlangen ist sehr stark, und es wird durch das bilderzeugende Denken aufrechterhalten. Die Vorstellung ist das Wort, das Bild, und folgt unserem Vergnügen, unserem Verlangen. Also ist die ganze Lebensweise durch das Wort und seine Assoziationen geformt. Diesen Gesamtprozeß als Ganzes zu sehen bedeutet, die Wahrheit zu erkennen, wie das Denken die Wahrnehmung verhindert.

Fragesteller: Wollen Sie sagen, daß es ohne Worte kein Denken gibt?

Krishnamurti: Ja, mehr oder weniger. Bitte bedenken Sie, daß wir über die Kunst des Lebens sprechen, daß wir darüber etwas lernen, und nicht Worte auswendig lernen. Wir lernen. Das heißt nicht, daß ich lehre und Sie zum törichten Schüler werden. Sie fragen, ob es Denken ohne Worte gibt. Das ist eine sehr wichtige Frage. Unser ganzes Denken basiert auf Gedächtnis, und das Gedächtnis beruht auf Worten, Vorstellungen, Symbolen, Bildern. All das sind Worte.

Fragesteller: Aber das, woran man sich erinnert, ist nicht ein Wort, es ist eine Erfahrung, ein emotionales Erlebnis, das Bild einer Person oder eines Ortes. Das Wort ist eine sekundäre Assoziation.

Krishnamurti: Um dies alles zu beschreiben, benutzen wir das Wort. Schließlich ist das Wort ein Symbol, um das, was geschehen ist oder geschieht zu bezeichnen, um zu kommunizieren oder etwas hervorzurufen. Gibt es ein Denken ohne diesen ganzen Prozeß? Ja, das gibt es, doch sollte das nicht Denken genannt werden. Das Denken bedeutet eine Fortsetzung des Gedächtnisses, aber Wahrnehmung ist nicht die Aktivität des Denkens. Es ist in Wirklichkeit Einsicht in das ganze Wesen und die Bewegung von Worten, Symbolen, Bildern und ihren emotionalen Verstrickungen. Dies als Ganzes zu sehen heißt, dem Wort den ihm gebührenden Platz zu geben.

Fragesteller: Was aber bedeutet es, das Ganze zu sehen? Sie sagen dies oft. Was verstehen Sie darunter?

Krishnamurti: Das Denken wirkt trennend, denn es ist in sich selbst begrenzt. Ganzheitlich beobachten heißt, daß sich das Denken nicht einmischt, daß die Vergangenheit als Wissen die Beobachtung nicht blockiert. Dann gibt es den Beobachter nicht, denn der Beobachter ist die Vergangenheit, die eigentliche Natur des Denkens.

Fragesteller: Fordern Sie uns auf, das Denken anzuhalten?

Krishnamurti: Dies ist wieder, wenn wir darauf hinweisen dürfen, eine falsche Frage. Wenn das Denken sich selbst auffordert, das Denken anzuhalten, schafft es Dualität und Konflikt. Gerade das ist der spaltende

Prozeß des Denkens. Wenn Sie diese Wahrheit wirklich erfassen, ist das Denken ganz natürlich in der Schwebe. Das Denken hat dann seinen eigenen begrenzten Platz. Das Denken wird dann nicht die gesamte Weite des Lebens an sich nehmen, was es jetzt tut.

Fragesteller: Sir, ich sehe, welch eine außerordentliche Achtsamkeit erforderlich ist. Kann ich diese Achtsamkeit denn wirklich haben, bin ich ernsthaft genug, um meine ganze Energie dafür einzusetzen?

Krishnamurti: Kann Energie überhaupt geteilt werden? Die Energie, die man aufwendet, um seinen Lebensunterhalt zu verdienen, um eine Familie zu haben und um ernsthaft genug zu sein, das, was hier gesagt wird, zu erfassen, ist alles Energie. Aber das Denken unterteilt dies, und wir verbrauchen darum viel Energie für das übliche Leben und sehr wenig für das andere. Das ist die Kunst, in der es keine Teilung gibt. Es ist das ganze, ungeteilte Leben.

Erziehung

Warum werden wir erzogen? Vielleicht haben Sie sich diese Frage nie gestellt, und wenn doch, wie antworten Sie darauf? Viele Gründe werden vorgeschoben, um die Notwendigkeit der Erziehung zu unterstreichen, Begründungen, die vernünftig, recht notwendig und weltlich sind. Die gewöhnliche Antwort ist: um eine Arbeit zu bekommen, eine erfolgreiche Karriere aufzubauen oder um geistig oder handwerklich geschickt zu werden. Großer Wert wird auf die geistigen Fähigkeiten gelegt, so daß man in eine gute, gewinnbringende Karriere hineinfindet. Wenn man intellektuell nicht glänzt, dann ist die Geschicklichkeit der Hände wichtig. Erziehung ist notwendig, sagt man, um die Gesellschaft so zu erhalten, wie sie ist, um sich einer Schablone anzupassen, die von einem sogenannten Establishment aufgestellt wurde, mag es nun traditionell oder ultramodern sein. Der gebildete Geist besitzt große Fähigkeiten, sich Informationen über nahezu jeden Gegenstand zu verschaffen – über Kunst, Wissenschaft usw. Dieser informierte Geist ist gelehrt, professionell, philosophisch. Eine derartige Gelehrsamkeit wird außerordentlich gelobt und geehrt. Diese Erziehung wird Ihnen, wenn Sie eifrig und klug sind und rasch lernen, eine glänzende Zukunft sichern, je nach Ihrer sozialen und umgebungsbedingten Lage. Wenn Sie im Rahmen dieser Erziehung nicht so glänzend sind, werden Sie ein Hilfsarbeiter, ein Fabrikarbeiter oder müssen am un-

tersten Ende dieser komplexen Gesellschaft Ihr Aus-
kommen finden. Das ist im allgemeinen die Art unserer Erziehung.

Was ist Erziehung? Es ist im wesentlichen die
Kunst des Lernens, nicht nur aus Büchern, sondern
durch die ganze Bewegung des Lebens. Das gedruck-
te Wort ist äußerst wichtig geworden, es verzehrt alles. Sie erfahren, was andere Leute denken, ihre Meinungen, ihre Werte, ihre Urteile und einiges über ihre
zahllosen Erfahrungen. Die Bibliothek ist weit wichtiger als der Mensch, der die Bücher besitzt. Diese
Ansammlung von Informationen wie in einem Com-
puter betrachtet man als gebildeten, hochentwickelten
Geist. Dann gibt es jene, die überhaupt nicht lesen,
andere ziemlich geringschätzen und von ihren eigenen, ichbezogenen Erfahrungen und anmaßenden
Meinungen vereinnahmt sind.

Wenn man das alles erkennt, worin besteht dann
die Funktion eines ganzheitlichen Geistes? Unter
Geist verstehen wir alle Reaktionen der Sinne, die
Emotionen — die etwas ganz anderes sind als Liebe —
und die intellektuellen Fähigkeiten. Gegenwärtig
messen wir dem Intellekt eine geradezu fantastische
Bedeutung bei. Unter Intellekt verstehen wir die Fähigkeit, etwas logisch zu begründen — vernünftig
oder unvernünftig — objektiv oder persönlich. Der
Intellekt mit seinem Denkvorgang bewirkt die Fragmentierung unseres menschlichen Daseins. Der Intellekt hat die Welt nach Sprachen, Nationen, Religionen eingeteilt — den Menschen vom Menschen getrennt. Der Intellekt ist der Hauptfaktor der Degeneration der Menschen in aller Welt, denn der Intellekt
ist nur ein Teil des Menschen und seiner Fähigkeiten.
Wenn nur ein Teil gerühmt, gepriesen und geehrt
wird und höchste Wichtigkeit beansprucht, dann

wird unser Leben, das Beziehung, Handeln und Verhalten ist, widerspruchsvoll und heuchlerisch, dann entstehen Angst- und Schuldgefühle. Der Intellekt hat, wie z. B. in der Wissenschaft, seinen Platz, aber der Mensch hat das wissenschaftliche Wissen nicht nur zu seinem Nutzen angewandt, sondern auch um Kriegsinstrumente zu bauen und die Verschmutzung der Erde herbeizuführen. Der Intellekt kann seine eigenen Aktivitäten wahrnehmen, welche die Degeneration herbeiführen, aber er ist völlig unfähig, seinen eigenen Untergang aufzuhalten, weil er dem Wesen nach nur ein Teil ist.

Wie gesagt, Erziehung ist die Essenz des Lernens. Etwas lernen über das Wesen des Intellekts, über seine Vorherrschaft, seine Aktivitäten, seine unermeßlichen Fähigkeiten und über seine zerstörerische Macht ist Erziehung. Wenn man etwas über das Wesen des Denkens lernt, das ein intellektueller Vorgang ist, und wenn man dies nicht aus einem Buch lernt, sondern durch die Beobachtung der Umwelt, wenn man genau das lernt, was geschieht, ohne Theorien, Vorurteile und Werte, dann ist das Erziehung. Bücher sind wichtig, aber weit wichtiger ist es, jenes Buch, das Ihre eigene Geschichte ist, zu studieren, denn Sie sind die ganze Menschheit. Dieses Buch zu lesen, ist die Kunst des Lernens. Es ist alles da; die Institutionen, ihre Zwänge, die religiösen Gebote und Doktrinen, ihre Grausamkeit, ihre Glaubensbekenntnisse. Die soziale Struktur aller Gesellschaften ist die Beziehung zwischen den Menschen mit ihrer Gier, ihrem Ehrgeiz, ihrer Gewalt, ihrem Vergnügen, ihren Sorgen. Es ist da, wenn Sie wissen, wie man schaut. Dieses Schauen ist nicht nach innen gerichtet. Das Buch ist nicht dort draußen oder in Ihnen verborgen. Es ist um Sie herum: Sie sind ein Teil des Buches. Das Buch erzählt Ihnen die Geschichte des Menschen und muß an Ihren Beziehungen, an Ihren Reaktionen, an Ihren Konzepten und Werten abgelesen werden. Das Buch ist genau das Zentrum Ihres Seins, und Lernen heißt, dieses Buch mit äußerster Sorgfalt zu lesen.

Das Buch erzählt Ihnen die Geschichte der Vergangenheit, wie die Vergangenheit den Geist, das Herz und die Sinne formt. Die Vergangenheit formt die Gegenwart, sie ändert sich nur gemäß der augenblicklichen Herausforderung. Und in dieser endlosen Bewegung der Zeit sind die Menschen gefangen. Das ist die Konditionierung der Menschen. Diese Prägung ist eine unendliche Bürde für die Menschen gewesen – für Sie und für Ihren Bruder.

Die Philosophen, die Theologen, die Heiligen haben die Prägung akzeptiert und es geduldet, daß sie akzeptiert wurde und das Beste daraus gemacht; oder sie haben die Flucht in Fantasien von mystischen Erfahrungen, von Göttern und vom Himmel angeboten. Erziehung ist die Kunst, etwas zu lernen über diese Prägung und deren Überwindung, die Befreiung von dieser Bürde. Es gibt einen Ausweg, der keine Flucht ist und der die Dinge nicht so akzeptiert, wie sie sind. Er liegt nicht im Vermeiden der Prägung, er liegt nicht in ihrer Unterdrückung. Es ist die Auflösung der Prägung.

Sind Sie sich bewußt, wenn Sie dies lesen oder hören, ob Sie mit der verbalen Kapazität des Intellekts zuhören oder lesen oder mit der Sorgfalt der Achtsamkeit? Wenn vollkommene Achtsamkeit besteht, gibt es keine Vergangenheit, sondern nur die reine Beobachtung von dem, was tatsächlich vor sich geht.

Messen und Bewerten

Es wird leicht vergessen oder nicht beachtet, daß es in der Verantwortung des Erziehers liegt, eine neue Generation von Menschen hervorzubringen, die psychisch, innerlich frei ist von Elend, Ängsten und Mühsal. Es ist eine heilige Verantwortung, die nicht einfach beiseite geschoben werden darf für den eigenen Ehrgeiz, den Status oder die eigene Macht. Wenn der Erzieher eine solche Verantwortung spürt — die Größe, die Tiefe und die Schönheit dieser Verantwortung —, dann wird er die Fähigkeit haben, zu unterrichten und seine eigene Energie aufrechtzuerhalten. Das erfordert großen Eifer, keine periodische, zufällige Anstrengung, und gerade die sehr hohe Verantwortung wird das Feuer entzünden, das ihn als ganzen Menschen und großen Lehrer erhält. Da die Welt rapide degeneriert, muß es in allen diesen Schulen eine Gruppe von Lehrern und Schülern geben, die sich dem Zweck widmen, eine radikale Umwandlung des Menschen durch rechte Erziehung herbeizuführen. Das Wort »recht« ist nicht eine Angelegenheit von Meinung, Bewertung oder ein vom Intellekt erfundenes Konzept. Das Wort »recht« bedeutet ganzheitliches Handeln, in dem jedes Motiv des Eigeninteresses aufgehört hat. Gerade diese entscheidende Verantwortung — eine Aufgabe nicht nur des Lehrers, sondern auch des Schülers — vertreibt alle Probleme, die das Selbst erhalten. Mag der Geist noch so unreif sein, sobald man diese Verantwortung annimmt, bringt eben dieses Annehmen ein Aufblühen des Geistes hervor. Dieses Aufblühen besteht in der Beziehung zwischen Schüler und Lehrer. Es ist keine einseitige Angelegenheit. Wenn Sie dies lesen, seien Sie bitte völlig aufmerksam und fühlen Sie die Dringlichkeit und Intensität dieser Verantwortung. Machen Sie bitte daraus keine Abstraktion, keine Idee, sondern beobachten Sie vielmehr die aktuelle Tatsache, das aktuelle Geschehen während des Lesens.

Fast alle Menschen begehren in ihrem Leben Macht und Reichtum. Wo Reichtum ist, besteht ein gewisses Gefühl der Freiheit, und man vergnügt sich. Das Verlangen nach Macht scheint ein Instinkt zu sein, der sich in vielfacher Weise ausdrückt. Er ist im Priester, im Guru ebenso vorhanden wie im Ehemann oder in der Ehefrau oder in einem Jungen, der Macht über einen anderen zu gewinnen versucht. Dieses Verlangen zu herrschen oder sich zu unterwerfen ist eine der menschlichen Prägungen und wahrscheinlich vom Tier geerbt. Die Aggressivität und die Nachgiebigkeit ihr gegenüber entstellen die Beziehungen in allen Lebensbereichen. Das war das Muster vom Anbeginn der Zeiten an. Der Mensch hat es als natürliche Lebensweise akzeptiert, mit allen Konflikten und allem Elend, die damit einhergehen.

Grundsätzlich ist Messen darin enthalten – das Mehr und das Weniger, das Größere und das Kleinere –, was dem Wesen nach Vergleich bedeutet. Immer vergleicht man sich mit jemand anderem, vergleicht ein Gemälde mit einem anderen; es gibt den Vergleich zwischen der größeren und der kleineren Macht, zwischen einem Schüchternen und einem Aggressiven. Es beginnt fast von Geburt an und setzt sich während des ganzen Lebens fort – dieses ständige Messen von Macht, Position, Reichtum. Man wird dazu in Schulen, Hochschulen und Universitäten ermutigt. Das ganze Bewertungssystem stellt den auf Vergleich beruhenden Wert von Wissen dar. Wenn A mit B verglichen wird, der klug, intelligent und selbstbewußt ist, so wird A genau durch diesen Vergleich zerstört. Diese Zerstörung nimmt die Form von Wettbewerb an, von Imitation und von Anpassung an die durch B gesetzte Norm. Das erzeugt bewußt oder unbewußt Widerstand, Eifersucht, Besorgnis und sogar Angst; und das ist dann der Zustand, in dem A für den Rest seines Lebens bleibt, stets messend, stets psychisch und physisch vergleichend.

Der Vergleich ist einer der vielen Aspekte der Gewalt. Das Wort »mehr« wird immer gebraucht, um zu vergleichen, ebenso das Wort »besser«. Die Frage ist, kann der Erzieher in seinem Unterricht jeglichen Vergleich, alles Messen beiseite schieben? Kann er den Schüler nehmen, wie er ist, und nicht wie er sein sollte, und zwar ohne Urteile zu fällen, die auf vergleichender Wertung beruhen? Nur, wenn zwischen dem sogenannten Klugen und dem sogenannten Dummen verglichen wird, ergibt sich so etwas wie Dummheit. Der Idiot — ist er ein Idiot aufgrund eines Vergleichs oder wegen seiner Unfähigkeit, bestimmte Dinge zu tun? Wir stellen gewisse Normen auf, die auf Messen beruhen, und diejenigen, die sie nicht erreichen, bezeichnen wir als unzulänglich. Wenn der Erzieher Vergleichen und Messen beiseite läßt, dann befaßt er sich mit dem Schüler, wie er ist, und seine Beziehung zum Schüler ist direkt und völlig anders. Es ist wirklich wichtig, dies zu verstehen. Liebe vergleicht nicht. Sie mißt nicht. Vergleichen und Messen gehören zum Intellekt. Es wirkt trennend. Wenn das grundsätzlich verstanden wird — nicht die verbale Bedeutung, sondern die tatsächliche Wahrheit der Sache —, dann erfährt die Beziehung zwischen Lehrer und Schüler eine radikale Veränderung. Seinen Höhepunkt erreicht das Messen bei den Prüfungen mit all der Angst und Besorgnis, die das künftige Leben des Schülers tiefgreifend beeinflussen. Die ganze Atmosphäre einer Schule erfährt eine Wandlung, wenn das Gefühl von Wettbewerb und Vergleich erlischt.

Werte

Es ist eine Eigenheit der Menschen, Werte zu kultivieren. Von Kindheit an werden wir dazu ermutigt, uns selbst gewisse tiefwurzelnde Werte zu setzen. Jede Person hat ihre eigenen langwährenden Absichten und Vorhaben. Natürlich unterscheiden sich die Werte des einen von denen des anderen. Sie werden entweder durch das Verlangen kultiviert oder durch den Intellekt, sie sind entweder illusorisch, bequem, tröstlich oder faktisch. Diese Werte stärken offensichtlich die Trennung zwischen den Menschen. Werte sind unedel oder edel, je nach den eigenen Vorurteilen und Absichten. Ohne die verschiedenen Arten der Werte aufzulisten, warum haben Menschen Werte, und was sind die Konsequenzen daraus? Die Grundbedeutung des Wortes Wert (value) ist Stärke. Es kommt von dem Wort »valor«. Stärke ist kein Wert. Sie wird zu einem Wert, wenn sie das Gegenteil von Schwäche ist. Stärke — nicht die des Charakters, die das Ergebnis des gesellschaftlichen Drucks ist — ist die Essenz der Klarheit. Klares Denken ist ohne Vorurteile, ohne Voreingenommenheit; es ist Beobachtung ohne Verzerrung. Stärke oder Tapferkeit ist keine Sache, die man wie eine Pflanze oder eine neue Sorte kultiviert. Sie ist kein Ergebnis. Ein Ergebnis hat eine Ursache, und wo eine Ursache ist, ist eine Schwäche vorhanden. Die Konsequenzen der Schwäche sind Widerstand oder Nachgeben. Klarheit hat keine Ursache. Klarheit ist weder Wirkung noch Ergebnis; sie ist die reine Beobachtung des Denkens und seiner vollen Aktivität. Diese Klarheit ist Stärke.

Wenn dies klar verstanden wird, warum haben Menschen Werte entworfen? Sollen sie im täglichen Leben zur Richtschnur werden? Sollen sie ihnen einen Sinn geben, weil sonst das Leben unsicher, unbestimmt, ohne Richtung wäre? Aber die Richtung wird durch den Intellekt oder das Verlangen vorgegeben, und so wird gerade die Richtung eine Verzerrung. Diese Verzerrungen sind von Mensch zu Mensch verschieden, und der Mensch klammert sich daran im ruhelosen Meer der Verwirrung. Die Folgen daraus, daß man Werte hat, kann man beobachten: Sie trennen den Menschen vom Menschen und stellen einen Menschen gegen den anderen. Dies führt des weiteren zu Elend, zu Gewalt und letztlich zu Krieg.

Ideale sind Werte. Ideale in jeder Form bilden eine Reihe von Werten nationaler, religiöser, kollektiver und persönlicher Art, und man kann beobachten, wie die Folgen dieser Ideale in der Welt um sich greifen. Wenn man die Wahrheit darin erkennt, ist der Geist von allen Werten befreit, und für einen solchen Geist besteht nur Klarheit. Ein Geist, der sich an Erfahrungen klammert oder sie begehrt, verfolgt die Falschheit von Werten und nimmt daher eine zurückgezogene, verschlossene und trennende Haltung ein.

Können Sie, als Erzieher, dies dem Schüler erklären: überhaupt keine Werte zu haben, sondern mit Klarheit zu leben, die keinen Wert darstellt? Dies kann zustande gebracht werden, wenn der Erzieher selbst die Wahrheit darin tief empfunden hat. Hat er das nicht, dann ist alles nur eine verbale Erklärung ohne jede tiefere Bedeutung. Das muß nicht nur den älteren Schülern vermittelt werden, sondern auch den jüngeren. Die älteren Schüler sind durch die Zwänge der

Gesellschaft und der Eltern mit ihren Werten bereits stark konditioniert; oder sie haben selbst ihre eigenen Ziele entworfen, die zu ihrem Gefängnis werden. Bei den jüngeren Schülern ist es äußerst wichtig, ihnen zu helfen, sich von psychischen Zwängen und Problemen zu befreien. Heute werden sehr jungen Schülern komplizierte intellektuelle Probleme gestellt; ihre Studien werden immer technischer, sie bekommen immer mehr abstrakte Informationen; verschiedene Wissensformen werden ihren Gehirnen aufgezwungen, und damit werden sie von Kindheit an konditioniert. Wir hingegen sind daran interessiert, den jüngeren Schülern zu helfen, keine psychischen Probleme zu haben, frei von Angst, von Kümmernissen und Grausamkeiten zu sein und Sorgfalt, Großzügigkeit und Zuneigung zu haben. Das ist weit wichtiger, als ihren jungen Geist mit Wissen zu beladen. Dies heißt nicht, daß das Kind nicht lesen, schreiben usw. lernen sollte, die Betonung aber liegt auf psychischer Freiheit, statt auf der Ansammlung von Wissen, obwohl dies notwendig ist. Freiheit bedeutet nicht, daß das Kind tut, was es will, sondern daß man ihm hilft, das Wesen seiner Reaktionen, seines Verlangens zu verstehen.

Das verlangt sehr viel Einsicht auf seiten des Lehrers. Schließlich wollen Sie, daß der Schüler ein vollständiger Mensch ohne psychische Probleme wird; sonst wird er jegliches Wissen, das er erhält, mißbrauchen. Wir sind dazu erzogen, im Bereich des Bekannten zu leben und daher ein Sklave der Vergangenheit mit all ihren Traditionen, Erinnerungen und Erfahrungen zu sein. Unser Leben geht von einem Bereich des Bekannten zum anderen, und man wird nie frei vom Bekannten. Wenn man ständig im Bereich des Bekannten lebt, gibt es nichts Neues, nichts Ursprüngliches, nichts, was vom Denken nicht verunreinigt wäre. Denken ist das Bekannte. Wenn unsere Erziehung die dauernde Ansammlung von Bekanntem ist, dann ist unser Geist und unser Herz mechanisch und ohne die immense Lebendigkeit des Unbekannten. Das, was Fortdauer hat, ist das Wissen, und es ist immer und ewig begrenzt. Und das Begrenzte muß ewig Probleme schaffen. Das Enden der Kontinuität − die Zeit ist − ist das Erblühen des Zeitlosen.

Vergnügen

Lehrer oder Erzieher sind Menschen. Ihre Aufgabe besteht darin, dem Schüler lernen zu helfen, und zwar nicht nur dieses oder jenes Fach, sondern die ganze Aktivität des Lernens zu verstehen. Das heißt, nicht nur Informationen über verschiedene Gegenstände zu sammeln, sondern in erster Linie ein vollständiger Mensch zu sein. Diese Schulen sind nicht nur Zentren des Lernens, sondern sie müssen Zentren der Güte sein und einen religiösen Geist hervorbringen.

Überall in der Welt degenerieren die Menschen, mehr oder weniger. Wenn persönliches oder kollektives Vergnügen zum Hauptinteresse im Leben wird — das Vergnügen von Sex, das Vergnügen, den eigenen Willen durchzusetzen, das Vergnügen der Erregung, das Vergnügen des Eigeninteresses, das Vergnügen von Macht und Status, das brennende Verlangen, seine eigenen Wünsche erfüllt zu sehen —, dann herrscht Degeneration. Wenn menschliche Beziehungen oberflächlich werden und auf Vergnügen beruhen, so bedeutet das Degeneration. Wenn Verantwortung ihre volle Bedeutung verloren hat, wenn man miteinander oder mit dem, was die Erde und das Meer hervorbringen, nicht sorgsam umgeht, dann ist diese Mißachtung von Himmel und Erde eine weitere Form der Degeneration. Wenn an den höchsten Stellen Heuchelei herrscht, wenn es im Geschäft unehrlich zugeht, wenn Lügen Teil der Alltagsgespräche sind, wenn eine Tyrannei der Wenigen besteht, wenn nur noch äußerliche Dinge von Belang sind — dann ist das Verrat am gesamten Leben. Dann wird Töten zum alleinigen Ausdruck des Lebens. Wenn Liebe als Vergnügen aufgefaßt wird, dann hat sich der Mensch von der Schönheit und Heiligkeit des Lebens abgetrennt.

Vergnügen ist immer persönlich, ein isolierender Prozeß. Obwohl man denkt, Vergnügen sei etwas, das man mit anderen teilt, ist es wegen der darinliegenden Befriedigung in Wirklichkeit eine abgrenzende, isolierende Handlung des Egos, des Ichs. Je größer das Vergnügen, desto größer die Stärkung des Ichs. Sobald man das Vergnügen sucht, beutet man einander aus. Wenn Vergnügen in unserem Leben vorherrscht, wird die Beziehung für diesen Zweck ausgebeutet, und es besteht keine echte Beziehung mehr miteinander. Die Beziehung wird dann zur Ware. Der Drang nach Erfüllung beruht auf Vergnügen, und wenn dieses Vergnügen abgelehnt wird oder sich nicht ausdrücken kann, dann entsteht Zorn, Zynismus, Haß oder Bitterkeit. Dieses unaufhörliche Streben nach Vergnügen ist ein wirklicher Wahnsinn.

All dies zeigt, daß der Mensch sich trotz seines enormen Wissens, trotz seiner außerordentlichen Fähigkeiten, seiner drängenden Energie, seines aggressiven Handelns seinem Untergang nähert, nicht wahr? Diese kalkulierte Selbstbezogenheit mit ihrer Angst, ihrem Vergnügen und ihrer Besorgnis ist überall in der Welt klar erkennbar.

Worin liegt also die umfassende Verantwortung dieser Schulen? Gewiß müssen sie Zentren zum Erlernen einer Lebensweise sein, die nicht auf Vergnügen beruht — nicht auf ichbezogenen Aktivitäten, sondern auf dem Verstehen rechten Handelns, auf der Tiefe und Schönheit von Beziehung und auf der Heiligkeit eines religiösen Lebens. Wenn die Welt um uns herum so außerordentlich zerstörerisch und ohne Bedeutung ist, müssen diese Schulen, diese Zentren, Stätten des Lichtes und der Weisheit werden. Es liegt in der Verantwortlichkeit derer, die für die Schulen zuständig sind, das herbeizuführen.

Da es dringlich ist, sind Entschuldigungen sinnlos. Entweder gleichen diese Zentren einem Felsen inmitten von Wellen der Zerstörung, oder sie vergehen in der Strömung des Verfalls. Diese Schulen bestehen zur Erleuchtung der Menschen.

Überleben

In einer Welt, in der sich die Menschheit durch gesellschaftliche Umwälzungen, Überbevölkerung, Kriege, schreckliche Gewalt und Gefühllosigkeit bedroht sieht, geht es jedem Menschen mehr denn je um sein eigenes Überleben.

Überleben heißt gesund, glücklich, ohne großen Druck oder Anstrengung zu leben. Jeder von uns übersetzt Überleben nach seinem eigenen speziellen Konzept. Der Idealist stellt sich eine Lebensweise vor, die nicht der Wirklichkeit entspricht; die Theoretiker, ob marxistisch, religiös oder aus einer anderen speziellen Richtung, haben Überlebensformen entworfen; die Nationalisten halten Überleben nur in einer besonderen Gruppe oder Gemeinschaft für möglich. Diese ideologischen Unterschiede, Ideale und Glaubensrichtungen sind die Wurzeln einer Teilung, die das menschliche Überleben verhindert.

Die Menschen wollen in einer besonderen Weise überleben, gemäß ihren beschränkten Reaktionen, gemäß ihrem augenblicklichen Vergnügen, gemäß einem Glauben, gemäß einem religiösen Retter, Propheten oder Heiligen. Das alles kann keineswegs Sicherheit schaffen, denn es trennt, schließt aus und begrenzt. Es ist sinnlos, in der Hoffnung zu leben, daß man gemäß einer Tradition, wie uralt oder modern sie auch sein mag, überleben kann. Teillösungen beliebiger Art — wissenschaftlicher, religiöser, politischer oder wirtschaftlicher Natur — können der

Menschheit ihr Überleben nicht mehr sichern. Dem Menschen ging es immer um sein eigenes individuelles Überleben, mit seiner Familie, mit seiner Gruppe, mit seinem Volk, und weil all das trennend ist, bedroht es das eigentliche Überleben. Die modernen Einteilungen nach Nationalität, nach Farbe, nach Kultur, nach Religion sind Ursache für die Ungewißheit des menschlichen Überlebens. In dem Tumult der heutigen Welt hat Ungewißheit den Menschen veranlaßt, sich einer Autorität zuzuwenden — einem Experten für Politik, Religion oder Wirtschaft. Der Spezialist ist unweigerlich eine Gefahr, weil seine Antwort immer unvollständig, begrenzt sein muß. Der Mensch ist kein getrenntes Einzelwesen mehr. Was wenige betrifft, wirkt sich auf die gesamte Menschheit aus. Es gibt keine Flucht, kein Vermeiden dieses Problems. Sie können sich nicht mehr aus der gesamten gefährlichen, mißlichen Lage der Menschheit zurückziehen.

Wir haben das Problem und seine Ursache dargelegt und müssen nun die Lösung finden. Diese Lösung muß frei sein von jeglichem Zwang soziologischer, religiöser, wirtschaftlicher, politischer Natur und darf von keiner Organisation abhängen. Wir können unmöglich überleben, wenn es uns nur um unser eigenes Überleben geht. Alle Menschen auf der ganzen Welt stehen heute miteinander in Beziehung. Was in dem einen Land geschieht, wirkt sich auch auf die andern aus. Der Mensch hat sich selbst als ein von anderen getrenntes Individuum betrachtet, psychologisch aber ist ein Mensch untrennbar von der Gesamtheit der Menschheit.

So etwas wie psychologisches Überleben gibt es nicht. Wenn dieses Verlangen nach Überleben oder Erfüllung besteht, schaffen Sie psychologisch eine Situation, die nicht nur trennt, sondern auch gänzlich irreal ist. Psychologisch können Sie vom anderen nicht getrennt sein. Und das Verlangen, psychologisch getrennt zu sein, ist gerade die Quelle von Gefahr und Zerstörung. Jeder, der sich selbst behauptet, bedroht seine eigene Existenz.

Wenn die Wahrheit darin erkannt und verstanden wird, erfährt die Verantwortung des Menschen eine radikale Wandlung — nicht nur seiner unmittelbaren Umgebung, sondern allen lebenden Dingen gegenüber. Die vollständige Verantwortung ist Mitempfinden. Das Mitempfinden handelt durch Intelligenz. Diese Intelligenz ist nicht einseitig, individuell, separat. Mitgefühl ist nie parteiisch. Mitgefühl ist die Heiligkeit alles Lebendigen.

Zusammenarbeit

Wir sollten uns nicht nur an diesen Schulen, sondern überhaupt auch als Menschen ernsthaft Gedanken über die Fähigkeit zur Zusammenarbeit machen – Zusammenarbeit mit der Natur, mit allen lebenden Dingen auf Erden und auch mit anderen Menschen. Als soziale Wesen existieren wir für uns selbst. Unsere Gesetze, unsere Regierungen, unsere Religionen, alle betonen die Getrenntheit des Menschen, die sich während der Jahrhunderte dazu entwickelt hat, daß sich ein Mensch gegen den andern stellt. Wenn wir überleben sollen, wird es immer wichtiger, daß ein Geist der Zusammenarbeit besteht: mit dem Universum und mit allen Dingen im Meer und auf Erden.

In allen sozialen Strukturen kann man die zerstörerische Wirkung der Teilung sehen – Nation gegen Nation, eine Gruppe gegen die andere, eine Familie gegen die andere, ein Individuum gegen das andere. Genauso ist es im religiösen, sozialen und wirtschaftlichen Bereich. Jeder kämpft für sich selbst, für seine Klasse oder für sein spezielles Interesse in der Gemeinschaft. Diese Trennung durch Glauben, Ideale, Schlußfolgerungen und Vorurteile verhindert es, daß sich der Geist der Zusammenarbeit entfalten kann. Wir sind Menschen und keine stammesgebundenen Wesen, voneinander abgeschlossen und getrennt. Wir sind Menschen, gefangen in Schlußfolgerungen, Glauben und Theorien. Wir sind lebende Geschöpfe, keine Etiketten. Aufgrund unserer menschlichen

Umstände suchen wir Nahrung, Kleidung und Schutz auf Kosten anderer. Schon unser Denken wirkt trennend, und alle Handlungen, die aus diesem begrenzten Denken entspringen, müssen die Zusammenarbeit verhindern. Die wirtschaftliche und soziale Struktur, wie sie heute ist, die organisierten Religionen mit einbezogen, verstärkt Ausschließlichkeit und Getrenntheit. Dieser Mangel an Zusammenarbeit schafft am Ende Krieg und die Zerstörung des Menschen. Nur in Krisen und bei Katastrophen kommen wir scheinbar zusammen, und wenn sie vorüber sind, fallen wir in unseren alten Zustand zurück. Wir scheinen unfähig zu sein, harmonisch miteinander zu leben und zu arbeiten.

Ist dieser aggressive, isolierende Prozeß deshalb zustande gekommen, weil unser Gehirn, welches das Zentrum von Denken und Fühlen ist, von altersher aus einer Notwendigkeit heraus dazu konditioniert wurde, das eigene, persönliche Überleben zu erstreben? Kam es so, weil dieser isolierende Vorgang sich mit der Familie, mit dem Stamm identifiziert und dann zum glorifizierten Nationalismus wird? Ist nicht alle Isolation mit einem Bedürfnis nach Identifikation und Erfüllung verbunden? Ist die Bedeutung des Selbst nicht durch Evolution, durch das Gegeneinander von »ich« und »du« und »sie« kultiviert worden? Haben nicht alle Religionen die persönliche Erlösung betont, die persönliche Erleuchtung, das persönliche Streben, sowohl im Religiösen als auch im Weltlichen? Ist Zusammenarbeit unmöglich geworden, weil wir dem Talent, der Spezialisierung, dem Streben, dem Erfolg soviel Bedeutung beimessen – was alles die Getrenntheit betont? Ist es deshalb so, weil die menschliche Zusammenarbeit sich auf eine Art Staatsautorität oder Religion, auf eine Ideologie oder eine

Schlußfolgerung bezogen hat, was unweigerlich sein eigenes, zerstörerisches Gegenteil hervorbringt?

Was bedeutet es, zusammenzuarbeiten — nicht das Wort, sondern die Gesinnung? Sie können unmöglich mit einem anderen zusammenarbeiten, mit der Erde und ihren Wassern, es sei denn, Sie sind in sich selbst harmonisch, nicht fragmentiert, nicht widerspruchsvoll. Sie können nicht zusammenarbeiten, wenn Sie selbst unter Streß, Zwang, Konflikt stehen. Wie können Sie mit dem Universum zusammenarbeiten, wenn Sie mit sich selbst, Ihren Problemen, Ihrem Ehrgeiz befaßt sind? Es kann keine Zusammenarbeit geben, wenn alle Ihre Aktivitäten selbstbezogen sind und Sie mit Ihrer Selbstsucht beschäftigt sind, mit Ihren geheimen Wünschen und Vergnügungen. Solange der Intellekt mit seinen Gedanken dominiert und all Ihre Handlungen beherrscht, kann es offensichtlich keine Zusammenarbeit geben, denn das Denken ist einseitig, eng und ewig trennend. Zusammenarbeit erfordert große Ehrlichkeit. Ehrlichkeit hat kein Motiv. Ehrlichkeit ist nicht irgendein Ideal, irgendein Glaube. Ehrlichkeit ist Klarheit — die klare Wahrnehmung der Dinge, wie sie sind. Wahrnehmung ist Achtsamkeit. Gerade diese Achtsamkeit wirft Licht mit all seiner Energie auf das, was beobachtet wird. Das Licht der Wahrnehmung führt eine Umwandlung des Beobachteten herbei. Es gibt kein System, durch das Sie lernen, zusammenzuarbeiten. Es läßt sich nicht strukturieren und klassifizieren. Das Wesen der Zusammenarbeit erfordert Liebe, und diese Liebe ist nicht meßbar, denn wenn Sie vergleichen — was die Essenz des Messens ist —, hat das Denken begonnen. Wo Denken ist, ist keine Liebe.

Kann das dem Schüler vermittelt werden, und können die Erzieher an diesen Schulen zusammenarbeiten? Diese Schulen sind Zentren einer neuen Generation, mit einem neuen Ausblick, mit dem neuen Empfinden, Weltbürger zu sein, denen alles Lebendige dieser Welt am Herzen liegt. Es ist Ihre gewichtige Verantwortung, diesen Geist der Zusammenarbeit hervorzubringen.

Intellekt und Intelligenz

Intelligenz und die Kapazität des Intellekts sind zwei völlig verschiedene Dinge. Vielleicht leiten sich beide Worte von der selben Wurzel her, aber um die volle Bedeutung von Mitgefühl zu klären, müssen wir imstande sein, die unterschiedliche Bedeutung von beiden zu erkennen. Intellekt ist die Fähigkeit zu unterscheiden, logisch zu begründen, Vorstellungen zu haben, Illusionen zu erzeugen, klar zu denken oder auch nicht objektiv, persönlich zu denken. Intellekt wird im allgemeinen für etwas anderes gehalten als Emotion, aber wir benutzen das Wort Intellekt, um die ganze Denkfähigkeit des Menschen auszudrücken. Das Denken ist die Reaktion des Gedächtnisses, gesammelt durch verschiedene Erfahrungen − echte oder eingebildete −, die als Wissen im Gehirn gespeichert sind. Die Fähigkeit des Intellekts besteht also darin, zu denken. Denken ist unter allen Umständen begrenzt, und wenn der Intellekt unsere Aktivitäten sowohl der Innen- als auch der Außenwelt beherrscht, müssen unsere Aktivitäten natürlich einseitig und unvollständig sein. Das bringt Reue, Besorgnis und Schmerz mit sich.

Alle Theorien und Ideologien sind in sich selbst einseitig, und wenn Wissenschaftler, Techniker und sogenannte Philosophen unsere Gesellschaft, unsere Moral − und damit unser tägliches Leben − beherrschen, werden wir niemals mit der Realität dessen, was tatsächlich vor sich geht, konfrontiert. Die Einflüsse färben unsere Wahrnehmung, unser direktes Verstehen. Der Intellekt findet Erklärungen für rechtes wie auch unrechtes Handeln. Er rationalisiert schlechtes Verhalten, Töten und Kriege, er definiert gut als das Gegenteil von böse. Das Gute kennt kein Gegenteil. Wenn das Gute zum Bösen in Beziehung stände, würde Güte die Saat des Bösen in sich tragen. Dann wäre es nicht Güte. Aber der Intellekt ist wegen der ihm eigenen trennenden Eigenschaft nicht fähig, die Fülle der Güte zu verstehen. Der Intellekt — das Denken — vergleicht, wertet, konkurriert, imitiert ständig; so werden wir angepaßte Menschen aus zweiter Hand. Der Intellekt hat der Menschheit außerordentlich genützt, aber er hat auch große Zerstörung angerichtet. Er hat die Kunst, Krieg zu führen, kultiviert und ist unfähig, die Barrieren zwischen Menschen aufzuheben. Besorgnis ist ein Bestandteil des Intellekts, ebenso die Verletzung, denn der Intellekt, der Denkfähigkeit ist, erzeugt das Bild, das dann verletzt werden kann.

Wenn man das ganze Wesen und den Vorgang von Intellekt und Denken versteht, können wir zu erforschen beginnen, was Intelligenz ist. Intelligenz ist die Fähigkeit, das Ganze wahrzunehmen. Intelligenz ist nicht fähig, die Sinne, die Emotionen und den Intellekt voneinander zu trennen. Sie betrachtet sie als eine einheitliche Bewegung. Weil ihre Wahrnehmung immer vollständig ist, ist sie nicht fähig, den Menschen vom Menschen zu trennen, den Menschen gegen die Natur zu stellen. Weil die Intelligenz ihrem Wesen nach vollkommen ist, ist sie unfähig, zu töten.

Praktisch alle Religionen haben das Gebot, nicht zu töten, aber sie haben das Töten nie verhindert. Einige Religionen haben verkündet, daß die Dinge auf Erden, die Lebewesen eingeschlossen, zum Gebrauch für den Menschen da seien — das heißt also: töten und zerstören. Töten aus Vergnügen, töten aus kommerziellen Gründen, töten für den Nationalismus, töten für Ideologien, töten für seinen Glauben — all dies wird als zum Leben gehörend akzeptiert. Weil wir die lebendigen Dinge auf Erden und im Meer töten, werden wir immer isolierter, und in dieser Isolation werden wir immer gieriger und suchen jede Art von Vergnügen. Der Intellekt mag dies wahrnehmen, ist aber zu einer vollständigen Handlung unfähig. Intelligenz, die von Liebe untrennbar ist, würde niemals töten.

Nicht zu töten ist aber, solange es ein Konzept oder eine Idee ist, keine Intelligenz. Wenn Intelligenz in unserem täglichen Leben aktiv ist, wird sie uns sagen, wann wir zusammenarbeiten sollen und wann nicht. Das Wesen der Intelligenz ist Empfindsamkeit, und diese Empfindsamkeit ist Liebe.

Ohne diese Intelligenz kann es kein Mitempfinden geben. Mitempfinden ist kein Akt der Barmherzigkeit oder der sozialen Reform, es ist frei von Sentimentalität, Romantik und emotionaler Begeisterung. Es ist so stark wie der Tod. Es ist ein mächtiger Fels, der inmitten von Verwirrung, Elend und Angst unerschütterlich ist. Ohne dieses Mitempfinden kann keine neue Kultur oder Gesellschaft entstehen. Mitempfinden und Intelligenz gehen Hand in Hand — sie sind nicht getrennt. Mitempfinden handelt durch Intelligenz. Es kann niemals durch den Intellekt handeln. Mitempfinden ist die Essenz der Ganzheit des Lebens.

Denken

Überall auf der Welt haben die Menschen den Intellekt zu einem der wichtigsten Faktoren im täglichen Leben gemacht. Wie man sagt, haben die alten Hindus, die Ägypter und die Griechen den Intellekt als die wichtigste Funktion im Leben betrachtet. Sogar die Buddhisten haben ihm Bedeutung beigemessen. An jeder Universität, an jeder Hochschule und an jeder Schule in der ganzen Welt, ob unter einem totalitären Regime oder in den sogenannten Demokratien, hat der Intellekt eine dominierende Rolle gespielt. Mit Intellekt meinen wir die Fähigkeit zu verstehen, zu unterscheiden, zu wählen, abzuwägen, die gesamte Technologie der modernen Wissenschaft. Das Wesen des Intellekts ist der ganze Denkvorgang, nicht wahr? Das Denken beherrscht die Welt sowohl im äußeren Leben als auch im inneren Leben. Das Denken hat alle Götter der Welt, all die Rituale, Dogmen und Glaubensrichtungen geschaffen. Das Denken hat auch die Kathedralen, die Tempel, die Moscheen mit ihrer wunderbaren Architektur und die kleinen Schreine geschaffen. Denken war verantwortlich für die nicht endende und sich erweiternde Technologie, die Kriege und das Kriegsmaterial, die Einteilung der Menschen in Nationen, in Klassen und Rassen. Das Denken war und ist wahrscheinlich noch immer der Anstifter der Folter im Namen Gottes, des Friedens, der Ordnung. Es ist auch für Revolution, für die Terroristen, für das höchste Prinzip und für pragmatische

Ideale verantwortlich gewesen. Durch das Denken leben wir. Unser Handeln beruht auf Gedanken, und unsere Beziehungen sind auch auf Gedanken gegründet. Der Intellekt wurde zu allen Zeiten angebetet.

Aber das Denken hat nicht die Natur geschaffen – nicht den Himmel mit seinen sich ausbreitenden Sternen, die Erde mit all ihrer Schönheit, mit den weiten Meeren und dem grünen Land. Das Denken hat den Baum nicht geschaffen, aber das Denken hat den Baum benutzt, um das Haus zu bauen, den Stuhl anzufertigen. Denken benutzt und vernichtet.

Das Denken kann keine Liebe hervorbringen, keine Zuneigung und nicht die Qualität der Schönheit. Es hat ein Netz aus Illusionen und Fakten gewoben. Wenn wir allein durch das Denken leben, mit der ganzen Kompliziertheit und der Subtilität, mit den Absichten und Richtungen, dann verfehlen wir die große Tiefe des Lebens, denn das Denken ist oberflächlich. Obwohl es vorgibt, tief einzutauchen, ist gerade dieses Instrument unfähig, über seine eigenen Grenzen hinaus vorzudringen. Es kann die Zukunft entwerfen, aber diese Zukunft ist aus den Wurzeln der Vergangenheit geboren. Die Dinge, die das Denken geschaffen hat, sind wirklich, real – wie der Tisch, wie das Bild, das Sie anbeten –, aber das Bild, das Symbol, das Sie anbeten, ist vom Denken zusammengesetzt, einschließlich der vielen romantischen, idealistischen, humanitären Illusionen. Die Menschen akzeptieren die Dinge des Denkens und leben mit ihnen – mit Geld, Position und Status und mit dem Luxus einer Freiheit, die das Geld mit sich bringt. Das ist der gesamte Vorgang des Denkens und des Intellekts, und durch dieses schmale Fenster unseres Lebens schauen wir auf die Welt.

Gibt es irgendeine andere Bewegung, die nicht zum

Intellekt und zum Denken gehört? Das war die Frage-
stellung mancher religiöser, philosophischer und wissenschaftlicher Bemühungen. Wenn wir das Wort Religion benutzen, verstehen wir darunter nicht den
Unsinn von Glauben, Ritualen, Dogmen und der
hierarchischen Struktur. Wir verstehen unter einem
religiösen Mann oder einer religiösen Frau jene, die
sich von der seit Jahrhunderten bestehenden Propaganda befreit haben, vom toten Gewicht alter oder
moderner Traditionen. Die Philosophen, die sich
Theorien, Konzepten und ideellem Streben hingeben,
können unmöglich jenseits des schmalen Fensters des
Denkens forschen, ebensowenig wie die Wissenschaftler mit ihrer außerordentlichen Fähigkeit, mit
ihrem vielleicht originellen Denken und ihrem im-
mensen Wissen. Wissen ist der Speicher von Gedächtnis, und man muß von allem Bekannten frei sein, um
das zu erforschen, was jenseits liegt. Um zu forschen,
muß man frei sein, ohne Fesseln und ohne an den
eigenen Erfahrungen und Schlußfolgerungen und an
all dem, was der Mensch sich selbst auferlegt hat,
festzuhalten. Der Intellekt muß still sein, in absoluter
Ruhe und ohne daß das Denken sich regt.

Unsere heutige Erziehung beruht darauf, den Intellekt zu kultivieren, – das Denken und das Wissen,
was zwar im Bereich unseres täglichen Handelns notwendig ist, aber in unserer psychologischen Beziehung zueinander keinen Platz hat, weil gerade das
Wesen des Denkens trennend und zerstörerisch ist.
Wenn das Denken all unsere Aktivitäten und Beziehungen beherrscht, entsteht Gewalt, Terror, Konflikt
und Elend.

An diesen Schulen muß dies etwas sein, das uns alle
betrifft – jung und alt.

Schüler und Gesellschaft

Wir sollten gleich von Beginn dieses neuen Jahres an verstehen, daß wir in erster Linie am psychologischen Aspekt unseres Lebens interessiert sind, obwohl wir die physische, biologische Seite nicht vernachlässigen werden. Das, was man innerlich ist, wird schließlich eine gute Gesellschaft herbeiführen oder aber den allmählichen Verfall der menschlichen Beziehungen. Uns geht es um beide Aspekte des Lebens, wir räumen weder dem einen noch dem anderen die Vorherrschaft ein, obwohl der psychologische Aspekt — das heißt, was wir im Inneren sind — unser Verhalten und unsere Beziehung zueinander bestimmen wird. Wir scheinen den äußeren Aspekten des Lebens eine viel größere Bedeutung beizumessen, den täglichen Aktivitäten, mögen sie nun von Belang sein oder nicht, und vernachlässigen ganz die weiteren und tieferen Realitäten. Bitte bedenken Sie also, daß wir uns in diesen Briefen unserem Dasein von innen nach außen nähern und nicht umgekehrt. Obwohl es den meisten Menschen um das Äußere geht, muß es das Anliegen unserer Erziehung sein, Harmonie zwischen außen und innen zu schaffen, und das kann unmöglich zustande kommen, wenn unsere Augen nur auf das Äußere gerichtet sind. Mit dem Inneren meinen wir den gesamten Denkvorgang, unsere vernünftigen oder unvernünftigen Gefühle, unsere Vorstellungen, unseren Glauben und unsere glücklichen und unglücklichen Bindungen, unsere geheimen Wünsche mit ihren

Widersprüchen, unsere Erfahrungen, unseren Arg-
wohn, unsere Gewalt usw. Der versteckte Ehrgeiz,
die Illusion, an die sich der Geist klammert, der Aberglaube der Religion und der anscheinend immerwäh-
rende Konflikt innerhalb von uns selbst sind gleich-
falls Teil unserer psychischen Struktur. Wenn wir
demgegenüber blind sind oder es als unvermeidlichen
Teil der menschlichen Natur akzeptieren, dann lassen
wir eine Gesellschaft zu, in der wir selbst zu Gefangenen werden. Es ist daher wichtig, das zu verstehen.
Wir sind überzeugt, daß jeder Schüler in der ganzen
Welt die Wirkung des Chaos um sich herum sieht und
hofft, dem durch irgendeine Art äußerer Ordnung zu
entfliehen, obwohl er sich innerlich vielleicht in größter Unruhe befindet. Er möchte die äußere Welt verändern, ohne sich selbst zu wandeln, aber er ist die
Quelle und die Fortsetzung der Unordnung. Das ist
eine Tatsache, keine persönliche Schlußfolgerung.

Es geht uns also bei unserer Erziehung darum, jene
Quelle und ihre Fortsetzung zu ändern. Es sind die
Menschen, die die Gesellschaft schaffen, nicht irgend-
welche Götter in irgendeinem Himmel. Also beginnen wir beim Schüler, beim Studenten. Schon das
Wort bedeutet studieren, lernen und handeln. Und
zwar nicht nur aus Büchern und von Lehrern lernen,
sondern ein Studieren und Lernen über sich selbst —
das ist grundlegende Erziehung. Wenn Sie nichts über
sich selbst wissen und Ihren Geist mit vielen Fakten
des Universums füllen, akzeptieren Sie nur die
Unordnung und setzen sie fort. Wahrscheinlich sind
Sie als Schüler daran nicht sehr interessiert. Sie möchten das Leben genießen, Ihren eigenen Interessen
nachgeben, werden gezwungen, nur unter Druck zu
studieren und akzeptieren das unausweichliche Vergleichen und dessen Ergebnisse, wobei Sie irgendeine

Karriere im Hinterkopf haben. Das ist Ihr Hauptinteresse, was natürlich erscheint, denn Ihre Eltern und Großeltern sind denselben Weg gegangen — Beruf, Heirat, Kinder, Verantwortung. Solange *Sie* sicher sind, kümmert es Sie wenig, was um Sie herum geschieht. Das ist Ihre tatsächliche Beziehung zur Welt, einer Welt, die von Menschen geschaffen wurde. Das Nächstliegende ist weitaus wirklicher, wichtiger und fordernder als das Ganze. Ihr Anliegen und das Anliegen des Erziehers ist es und muß es sein, die Gesamtheit des menschlichen Daseins zu verstehen: nicht einen Teil, sondern das Ganze. Der Teil ist nur das Wissen über physikalische Entdeckungen der Menschen.

Hier in diesen Briefen beginnen wir also in erster Linie mit Ihnen, dem Schüler, und dem Erzieher, der Ihnen hilft, sich selbst zu erkennen. Das ist die Aufgabe aller Erziehung. Wir müssen eine gute Gesellschaft hervorbringen, in der alle Menschen glücklich und in Frieden leben können, ohne Gewalt, in Sicherheit. Sie sind als Schüler dafür verantwortlich. Eine gute Gesellschaft entsteht nicht durch irgendein Ideal, einen Helden oder einen Führer, nicht durch ein sorgfältig geplantes System. Sie müssen gut sein, denn Sie sind die Zukunft. Sie werden die Welt aufbauen, entweder so, wie sie ist, nur modifiziert, oder als eine Welt, in der Sie und andere ohne Krieg leben können, ohne Brutalität, mit Großherzigkeit und Zuneigung.

Was werden Sie also tun? Sie haben das Problem verstanden, es ist nicht schwierig; was werden Sie also tun? Die meisten von Ihnen sind instinktiv liebenswürdig, gut und hilfsbereit, vorausgesetzt natürlich, daß Sie nicht zu sehr getreten und verdreht wurden, was hoffentlich nicht der Fall ist. Was werden Sie also tun? Wenn der Erzieher sein Brot wert ist, wird er

Ihnen helfen wollen. Dann erhebt sich die Frage, was Sie gemeinsam tun werden, um Ihnen zu helfen, sich selbst zu studieren, um über sich selbst etwas zu lernen und zu handeln. Wir werden hier mit diesem Brief aufhören und im nächsten Brief das Thema fortsetzen.

Zuneigung

Wir fahren mit dem fort, was wir in unserem letzten Brief sagten, in dem wir auf die Verantwortung zu studieren, zu lernen und zu handeln hingewiesen haben. Weil man jung und vielleicht unschuldig ist, der Aufregung und dem Spiel hingegeben, wird das Wort Verantwortung möglicherweise ziemlich erschreckend scheinen und eine schwere Last bedeuten. Aber wir gebrauchen das Wort im Sinne von Sorgfalt und Anteilnahme für unsere Welt. Wir benutzen zwar dieses Wort, aber der Schüler braucht kein Schuldgefühl zu haben, wenn er diese Sorgfalt und Aufmerksamkeit nicht gezeigt hat. Schließlich haben Ihre Eltern, die für Sie verantwortlich sind – dafür, daß Sie studieren und sich auf Ihr künftiges Leben vorbereiten –, auch kein Schuldgefühl, obwohl sie vielleicht enttäuscht oder unglücklich sind, wenn Sie ihre Erwartungen nicht erfüllen. Wir müssen klar verstehen, daß unser Gebrauch des Wortes Verantwortung kein Schuldgefühl verursachen darf. Wir wenden das Wort mit besonderer Sorgfalt an, von der unglücklichen Last eines Wortes wie Pflicht befreit. Wenn wir das klar verstehen, dann können wir das Wort Verantwortung benutzen ohne die Bürde der Tradition. Sie sind also an dieser Schule mit der Verantwortung zu studieren, zu lernen, zu handeln. Das ist der Hauptzweck der Erziehung.

In unserem letzten Brief stellten wir die Frage: »Was werden Sie in bezug auf sich selbst und Ihre

Beziehung zur Welt tun?« Wie wir sagten, ist der Erzieher, der Lehrer, auch dafür verantwortlich, Ihnen zu helfen, sich selbst und damit die Welt zu verstehen. Wir stellen diese Frage, damit Sie für sich selbst herausfinden, was Ihre Antwort ist. Es ist eine Herausforderung, und Sie müssen reagieren. Sie müssen mit sich selbst beginnen, sich selbst verstehen und in Zusammenhang damit fragen: Was ist der erste Schritt? Ist es nicht Zuneigung? Wahrscheinlich haben Sie diese Eigenschaft, solange Sie jung sind, doch sehr schnell scheinen wir sie zu verlieren. Warum? Kommt es nicht durch den Druck des Lernens, den Druck des Wettbewerbs, den Druck der Bemühungen, einen gewissen Stand in Ihren Studien zu erreichen, wobei Sie sich mit anderen vergleichen und vielleicht von anderen Schülern schikaniert werden? Werden Sie nicht durch diesen ganzen Druck gezwungen, sich nur mit sich selbst zu befassen? Und wenn Sie sich so sehr mit sich selbst befassen, verlieren Sie unweigerlich die Qualität der Zuneigung. Es ist sehr wichtig, zu verstehen, wie allmählich die Umstände, die Umgebung, der Druck Ihrer Eltern oder Ihr eigener Drang, sich anzupassen, die unermeßliche Schönheit des Lebens zu dem kleinen Kreis Ihrer selbst einengt. Und wenn Sie in Ihrer Jugend diese Zuneigung verlieren, verhärten sich Herz und Verstand. Es ist etwas Seltenes, sich diese Zuneigung während des ganzen Lebens zu erhalten, ohne Korruption. Das ist das erste, was Sie haben müssen. Zuneigung bedeutet Sorgfalt, eine nicht nachlassende Sorgfalt in allem, was Sie tun: Sorgfalt in Ihrer Sprache, in Ihrer Kleidung, in Ihren Eßgewohnheiten, in Ihrer Körperpflege; Sorgfalt im Benehmen, ohne zwischen über- und untergeordneten Menschen zu unterscheiden; Sorgfalt darin, wie Sie die Menschen einschätzen.

Höflichkeit ist Rücksichtnahme auf andere, und diese Rücksichtnahme ist Sorgfalt, ob für Ihren jüngeren Bruder oder für Ihre älteste Schwester. Wenn Sie diese Sorgfalt haben, verschwindet jegliche Gewalt von Ihnen − Ihre Wut, Ihr Widerspruchsgeist und Ihr Stolz. Diese Sorgfalt ist Achtsamkeit. Achtsamkeit heißt betrachten, beobachten, zuhören, lernen. Es gibt vieles, was Sie aus Büchern lernen können, aber es gibt ein Lernen, das unendlich klar ist, rasch und ohne jede Unwissenheit. In Achtsamkeit liegt auch Empfindsamkeit, und diese verleiht der Wahrnehmung eine Tiefe, die kein Wissen mit der zu ihm gehörenden Ignoranz geben kann. Das müssen Sie studieren. Und zwar nicht aus einem Buch, sondern mit Hilfe des Erziehers lernen, die Dinge um Sie herum zu beobachten: was in der Welt geschieht, was einem Mitschüler geschieht, was in einem armen Dorf oder Slum passiert − und dem Mann, der sich die schmutzige Straße entlang abmüht.

Beobachtung ist keine Gewohnheit. Sie ist nicht etwas, das Sie sich antrainieren können, um es mechanisch auszuführen. Sie ist der frische Blick des Interesses, der Sorgfalt, der Empfindsamkeit. Sie können sich nicht antrainieren, empfindsam zu sein. Nochmals, wenn Sie jung sind, sind Sie empfindsam, rasch in der Wahrnehmung, aber das schwindet wieder, wenn Sie älter werden. Sie müssen sich also selbst studieren, und vielleicht wird Ihr Lehrer Ihnen helfen. Wenn er es nicht tut, spielt das keine Rolle, denn es liegt in Ihrer Verantwortung, sich selbst zu studieren und zu verstehen, was Sie sind. Und wenn Sie diese Zuneigung haben, wird das Handeln aus ihrer Reinheit geboren. All dies klingt vielleicht sehr hart, ist es aber nicht. Wir haben diese Seite des Lebens vernachlässigt, weil wir an unserer Karriere, an unserem eigenen Vergnügen, an unserer eigenen Bedeutung so interessiert sind, daß wir die große Schönheit der Zuneigung vernachlässigen.

Es gibt zwei Worte, die man immer bedenken muß — Sorgfalt und Nachlässigkeit. Wir gebrauchen fleißig unseren Geist, um aus Büchern und von Lehrern Wissen zu erwerben, verbringen zwanzig oder mehr Jahre unseres Lebens damit und vernachlässigen es, die tiefere Bedeutung unseres eigenen Lebens zu studieren. Wir haben sowohl ein Äußeres als auch ein Inneres. Das Innere fordert größere Sorgfalt als das Äußere. Es ist eine dringende Forderung, und die Sorgfalt ist ein liebevolles Studieren dessen, was man ist.

Grausamkeit

Grausamkeit ist eine ansteckende Krankheit, und man muß sich streng davor hüten. Manche Schüler scheinen diese eigenartige Infektion zu haben, und irgendwie beherrschen sie allmählich die anderen. Wahrscheinlich empfinden sie das als sehr männlich, denn die Älteren sind oft sehr grausam in ihren Worten, in ihrer Haltung, in ihren Gesten, in ihrem Stolz. Diese Grausamkeit existiert in der Welt. In der Verantwortung des Schülers liegt es — bitte erinnern Sie sich, mit welcher Bedeutung wir dieses Wort gebrauchen —, jede Form der Grausamkeit zu vermeiden. Einmal, vor vielen Jahren, wurde ich eingeladen, an einer Schule in Kalifornien zu sprechen. Als ich die Schule betrat, ging ein etwa zehnjähriger Junge an mir vorbei mit einem großen, in einer Falle gefangenen Vogel, dessen Beine gebrochen waren. Ich hielt an und blickte auf den Jungen, ohne ein Wort zu sagen. Sein Gesicht drückte Angst aus, und als ich die Rede beendet hatte und hinausging, kam der Junge — der mir fremd war — mit Tränen in den Augen auf mich zu und sagte: »Sir, es wird nie wieder geschehen«. Er hatte befürchtet, ich würde es dem Direktor sagen, und es würde deswegen eine Szene geben, doch da ich weder zu dem Jungen noch zu dem Direktor ein Wort über das grausame Ereignis gesagt hatte, ließ das Gewahrsein der schlimmen Sache, die er gemacht hatte, ihn die Ungeheuerlichkeit der Tat erkennen. Es ist wichtig, sich seiner eigenen Aktivitäten bewußt zu sein, und wenn es Zuneigung gibt, dann hat Grausamkeit zu keiner Zeit einen Platz in unserem Leben. In westlichen Ländern sieht man, wie Vögel sorgsam gepflegt werden und später im Jahr als Sport geschossen und dann gegessen werden. Die Grausamkeit des Jagens, des Tötens kleiner Tiere ist Teil unserer Zivilisation geworden wie Krieg, wie Folter und wie Terrorismus und Entführungen. In unserer intimen, persönlichen Beziehung besteht auch sehr viel Grausamkeit, Wut und gegenseitige Verletzung. Die Welt, in der wir leben, ist ein gefährlicher Ort geworden, und an unseren Schulen muß jede Form des Zwanges, der Bedrohung, der Wut völlig und vollständig vermieden werden, denn all das verhärtet das Herz und den Verstand, und Zuneigung kann mit Grausamkeit nicht gleichzeitig bestehen.

Sie verstehen — als Schüler — wie wichtig es ist zu erkennen, daß jede Form von Grausamkeit nicht nur Ihr Herz verhärtet, sondern Ihr Denken entstellt und Ihr Handeln verzerrt. Der Geist ist ebenso wie das Herz ein empfindliches Instrument, empfindsam und sehr leistungsfähig, und wenn Grausamkeit und Unterdrückung es berühren, verhärtet sich das Selbst. Zuneigung, Liebe hat kein Zentrum, wie das Selbst es hat.

Nun, nachdem Sie dies gelesen haben und Sie das, was gesagt wurde, soweit verstanden haben: Was werden Sie damit anfangen? Sie haben das, was gesagt wurde, studiert, Sie verstehen den Inhalt dieser Worte; was tun Sie dann? Ihre Reaktion besteht nicht nur darin, zu studieren und zu lernen, sondern auch zu handeln. Die meisten von uns kennen all die Konsequenzen von Grausamkeit und sind sich dessen bewußt, was sie sowohl äußerlich wie auch innerlich tatsächlich anrichtet, und wir lassen es dabei bewenden, ohne etwas zu tun — wir denken das eine und tun genau das Gegenteil. Das schafft nicht nur sehr viel Konflikt, sondern auch Heuchelei. Die meisten Schüler möchten keine Heuchler sein; sie möchten die Fakten anschauen, aber sie handeln nicht immer. Also liegt es in der Verantwortung des Schülers, die Wirklichkeit der Grausamkeit zu sehen und ohne überredet oder beschwatzt zu werden das, was darin enthalten ist, zu verstehen und etwas zu tun. Das Tun ist vielleicht eine größere Verantwortung. Die Menschen leben gewöhnlich mit Ideen und Glauben, die völlig beziehungslos zu ihrem täglichen Leben sind, was dann natürlich zu Heuchelei führt. Seien Sie also kein Heuchler — was nicht bedeutet, daß Sie derb, aggressiv oder überkritisch sein sollen. Wo Zuneigung ist, besteht unweigerlich Höflichkeit ohne Heuchelei.

Was ist die Verantwortung des Lehrers, der studiert und gelernt hat und auf den Schüler einwirkt? Grausamkeit hat viele Formen: Ein Blick, eine Geste, eine scharfe Bemerkung und vor allem der Vergleich. Unser ganzes Erziehungssystem beruht auf dem Vergleich. A ist besser als B, und darum muß B sich an A anpassen oder ihn imitieren. Das ist dem Wesen nach Grausamkeit, und zuletzt drückt sie sich in Prüfungen aus. Was ist also die Verantwortung des Erziehers, der die Wahrheit darin erkennt? Wie wird er irgendein Fach ohne Belohnung und Strafe unterrichten, wohl wissend, daß es irgendeine Art von Bericht geben muß, der die Fähigkeiten des Schülers aufzeigt? Kann der Lehrer das tun? Ist das mit Zuneigung vereinbar? Wenn die grundlegende Wirklichkeit der Zuneigung besteht, hat dann Vergleichen überhaupt einen Platz? Kann der Lehrer in sich selbst das Schmerzliche des Vergleichs ausschalten? Unsere ganze Zivilisation besteht auf dem äußeren und inneren hierarchischen

Vergleich, der ein Empfinden tiefer Zuneigung verhindert. Können wir in unserem Geist das »Besser«, das »Mehr«, das »Dumm«, das »Klug«, dieses gesamte vergleichende Denken ausschalten? Wenn der Lehrer das Schmerzliche des Vergleichs verstanden hat, worin besteht dann in seinem Lehren und seinem Handeln die Verantwortung? Ein Mensch, der wirklich die Bedeutung des Schmerzhaften im Vergleichen erfaßt hat, handelt aus Intelligenz.

Lehrer und Schüler

In allen diesen Briefen haben wir ständig darauf hingewiesen, daß Kooperation zwischen Erzieher und Schüler in beider Verantwortung liegt. Das Wort Kooperation bedeutet zusammenarbeiten. Wir können aber nicht zusammenarbeiten, wenn wir beide nicht in dieselbe Richtung schauen, mit denselben Augen, demselben Geist. Das Wort »dasselbe«, wie wir es gebrauchen, bedeutet unter keinen Umständen Uniformität, Anpassung oder Akzeptieren, Gehorchen oder Imitation. In der Zusammenarbeit müssen Lehrer und Schüler eine Beziehung zueinander haben, die im Kern auf Zuneigung beruht. Die meisten Leute arbeiten zusammen, wenn sie etwas aufbauen, wenn sie Sport treiben oder wissenschaftlich forschen oder wenn man gemeinsam für ein Ideal arbeitet, für einen Glauben oder irgendein Konzept, das persönlichen oder kollektiven Nutzen bringen soll; oder man arbeitet gemeinsam für eine politische oder religiöse Autorität.

Um zu studieren, zu lernen und zu handeln ist Zusammenarbeit zwischen Lehrer und Schüler notwendig. Beide sind daran beteiligt. Der Erzieher weiß vielleicht über viele Fächer und Fakten Bescheid. Wenn er das dem Schüler ohne die Qualität von Zuneigung vermittelt, kommt es zu einem Kampf zwischen den beiden. Uns geht es aber nicht nur um weltliches Wissen, sondern auch um das Studium unserer selbst, in dem Lernen und Handeln liegt. Beide

— Lehrer und Schüler — sind daran beteiligt, und Autorität hört hier auf. Um über sich selbst etwas zu lernen, ist der Lehrer nicht nur mit sich selbst befaßt, sondern auch mit dem Schüler. In dieser Wechselbeziehung mit ihren Reaktionen beginnt man, sein eigenes Wesen zu erkennen — die Gedanken, die Wünsche, die Bindungen, die Identifikation usw. Jeder wirkt für den anderen als Spiegel; jeder beobachtet in dem Spiegel genau, was er ist, denn wie wir bereits aufzeigten, ist das psychologische Verstehen von sich selbst weit wichtiger, als Fakten zu sammeln und sie als Wissen für geschicktes Handeln zu speichern. Das Innere überwältigt stets das Äußere. Das muß sowohl der Lehrer als auch der Schüler klar verstehen. Das Äußere hat den Menschen nicht gewandelt; äußere Aktivitäten, äußere Revolutionen, die äußere Beherrschung der Umgebung haben den Menschen nicht tiefgehend verändert, seine Vorurteile, sein Aberglaube sind geblieben; tief im Innern bleiben die Menschen so, wie sie seit Jahrmillionen gewesen sind.

Rechte Erziehung soll diesen Grundzustand wandeln. Wenn der Erzieher das wirklich erfaßt hat, muß ihm, obwohl er Fächer zu unterrichten hat, hauptsächlich daran etwas liegen, diese radikale Revolution in der Psyche herbeizuführen, im Du und im Ich. Und hier spielt die Zusammenarbeit zwischen den beiden, die gemeinsam studieren, lernen und handeln, eine große Rolle. Das ist kein Teamgeist oder Familiensinn oder die Identifikation mit einer Gruppe oder mit einer Nation. Es ist das freie Erforschen seiner selbst, ohne die Barriere eines Wissenden und eines Unwissenden. Das ist die zerstörerischste Barriere, besonders in Sachen Selbsterkenntnis. In dieser Angelegenheit gibt es weder Führer noch Geführte. Wenn das voll erfaßt ist — und mit Zuneigung —, dann ist die Kommunikation zwischen Lehrer und Schüler leicht, klar und besteht nicht nur auf verbaler Ebene. Zuneigung besteht ohne Zwang, kennt keine Umwege. Sie ist direkt und einfach.

Nachdem all dies gesagt worden ist, und Sie beide es studiert haben – wie ist der Zustand Ihres Geistes und Ihres Herzens? Gibt es eine Wandlung, die nicht durch Beeinflussung oder bloße Stimulation hervorgerufen wird, was nur die Illusion einer Wandlung wäre? Stimulation ist wie eine Droge; ihre Wirkung läßt nach, und Sie sind wieder dort, wo Sie waren. Jede Form von Zwang oder Beeinflussung wirkt auch auf dieselbe Weise. Wenn Sie unter solchen Umständen handeln, lernen Sie in Wirklichkeit nichts über sich selbst. Ein Handeln, das auf Belohnung und Strafe beruht, auf Beeinflussung oder Zwang, schafft unweigerlich Konflikt. Das ist so. Wenige Leute aber erkennen die Wahrheit darin, und darum geben sie auf oder sagen, in einer praktischen Welt sei das unmöglich, oder es sei idealistisch, ein utopisches Konzept. Aber das ist es nicht. Es ist außerordentlich praktisch, und es funktioniert. Lassen Sie sich also nicht entmutigen von den Traditionalisten, den Konservativen oder denen, die an der Illusion festhalten, eine Wandlung könne nur von außen her kommen.

Wenn Sie sich studieren und über sich selbst etwas lernen, entsteht eine außerordentliche Kraft, die auf Klarheit beruht, die dem ganzen Unsinn des Establishments widerstehen kann. Diese Kraft ist keine Form des Widerstandes oder der selbstbezogenen Hartnäckigkeit oder des Willens, sondern eine rege Beobachtung des Äußeren und des Inneren. Es ist die Kraft der Zuneigung und der Intelligenz.

Disziplin

Sie kommen mit Ihrem eigenen Hintergrund in diese Schulen – sei er nun traditionell oder frei, mit oder ohne Disziplin, gehorchend oder widerstrebend und nicht gehorchend, in Revolte oder angepaßt. Ihre Eltern sind entweder nachlässig oder sehr um Sie bemüht; manche mögen sich verantwortlich fühlen, andere vielleicht nicht. Sie kommen mit all diesen Schwierigkeiten, aus zerrütteten Familienverhältnissen, unsicher oder selbstbewußt, wollen Ihren eigenen Weg gehen oder nehmen schüchtern, aber innerlich rebellierend alles hin.

In diesen Schulen sind Sie frei, und all die Störungen Ihres jungen Lebens kommen ins Spiel. Sie möchten Ihren Willen durchsetzen, und niemand in der Welt kann seinen Willen durchsetzen. Sie müssen das sehr ernsthaft verstehen – Sie können Ihren eigenen Willen nicht durchsetzen. Entweder lernen Sie, sich einzufügen, mit Verständnis und mit Vernunft, oder Sie werden durch die neue Umgebung, in die Sie eingetreten sind, gebrochen. Es ist sehr wichtig, das zu verstehen. In diesen Schulen erklären die Erzieher alles mit großer Sorgfalt, und Sie können mit ihnen diskutieren, mit ihnen ein Gespräch führen und einsehen, warum gewisse Dinge getan werden müssen. Wenn man in einer kleinen Gemeinschaft von Lehrern und Schülern lebt, ist es wichtig, daß man eine gute Beziehung zueinander hat, freundlich, liebevoll und mit einer gewissen Qualität von Achtsamkeit und

163

Verständnis. Niemand mag Regeln, besonders heutzutage, wo man in einer freien Gesellschaft lebt, und Regeln sind völlig überflüssig, wenn Sie und der erwachsene Erzieher verstehen – nicht nur verbal und intellektuell, sondern mit Ihrem Herzen –, daß eine gewisse Disziplin notwendig ist. Das Wort Disziplin ist von autoritären Menschen ruiniert worden. Jedes Gewerbe hat seine eigene Disziplin, seine eigene Geschicklichkeit. Das Wort Disziplin kommt von dem Wort »disciple« (Schüler) und bedeutet zu lernen; nicht sich anzupassen oder zu rebellieren, sondern von seinen eigenen Reaktionen zu lernen, von seinem Hintergrund und seinen Einschränkungen, um dann darüber hinauszugehen. Das Wesen des Lernens ist ständige Bewegung ohne fixen Punkt. Wenn dieser Punkt Ihr Vorurteil, Ihre Meinungen und Schlußfolgerungen darstellt und Sie von diesem Hindernis aus beginnen, dann hören Sie auf zu lernen. Lernen ist unendlich. Der Geist, der ständig lernt, hat alles Wissen überschritten. Sie sind also hier, sowohl um zu lernen als auch um zu kommunizieren. Kommunikation ist nicht nur der Austausch von Worten, und mögen sie auch noch so wohlgesetzt und klar sein; sie geht viel tiefer. Kommunikation bedeutet, voneinander zu lernen, einander zu verstehen, und das hört auf, wenn Sie einen definitiven Standpunkt über etwas Triviales oder über eine nicht voll durchdachte Tat eingenommen haben.

Wenn man jung ist, besteht der Drang, sich anzupassen, dazuzugehören; das Wesen und die Folgen der Anpassung kennenzulernen, bringt seine eigene spezielle Disziplin mit sich. Bitte bedenken Sie immer, wenn wir dieses Wort gebrauchen, sind sowohl Lehrer als auch Schüler in einer Beziehung des Lernens und nicht des Behauptens und Akzeptierens. Wenn man das klar verstanden hat, werden Regeln unnötig. Wenn es nicht klar ist, dann müssen Regeln aufgestellt werden. Sie revoltieren vielleicht gegen Regeln und dagegen, daß man Ihnen sagt, was Sie tun oder lassen sollen, wenn Sie jedoch das Wesen des Lernens rasch verstehen, dann werden Regeln insgesamt verschwinden. Nur der Widerspenstige, sich Behauptende schafft Regeln: Du sollst und Du sollst nicht.

Lernen entsteht nicht aus Neugier. Sie sind vielleicht neugierig auf Sex: diese Neugier beruht auf Vergnügen, auf einer Art Erregung, auf Verhaltensweisen von anderen. Das gleiche gilt für das Trinken, Drogennehmen, Rauchen. Lernen ist weitaus tiefer und ausgedehnter. Sie lernen etwas über das Universum nicht aus Vergnügen oder Neugier, sondern wegen Ihrer Beziehung zur Welt. Wir haben das Lernen in einzelne Kategorien unterteilt, die von den Forderungen der Gesellschaft oder unseren eigenen persönlichen Neigungen abhängen.

Wir sprechen nicht davon, daß man etwas *über* eine bestimmte Sache lernt, sondern von der Qualität eines Geistes, der bereit ist zu lernen. Sie können lernen, wie man ein guter Zimmermann oder Gärtner oder Ingenieur wird, und wenn Sie darin Geschicklichkeit erworben haben, haben Sie Ihren Geist eingeengt und zu einem Werkzeug gemacht, das vielleicht in einer bestimmten Form geschickt funktionieren kann. Das nennen Sie lernen. Dies gibt eine gewisse finanzielle Sicherheit, und vielleicht ist das alles, was man will, und so schaffen wir eine Gesellschaft, die uns mit dem versorgt, was wir verlangt haben. Wenn aber diese besondere Qualität des Lernens besteht, nicht nur bestimmte Dinge betreffend, dann haben Sie einen Geist und natürlich auch ein Herz, die zeitlos lebendig sind.

Disziplin ist weder Kontrolle noch Unterwerfung.

Im Lernen liegt auch Achtsamkeit, das heißt, sorgfältig zu handeln. Nur der nachlässige Geist lernt nichts. Er zwingt sich selbst dazu, zu akzeptieren, daß er seicht, achtlos und gleichgültig ist. Ein reger Geist betrachtet, beobachtet aktiv, sinkt nie zu Werten und Glauben aus zweiter Hand ab. Ein Geist, der lernt, ist ein freier Geist, und Freiheit fordert die Verantwortung des Lernens. Der Geist, der in Überheblichkeit gefangen ist, der sich hinter Wissen irgendwelcher Art verschanzt, mag Freiheit verlangen, aber was er unter Freiheit versteht, ist nur der Ausdruck seiner eigenen persönlichen Verhaltensweisen und Schlußfolgerungen, und wenn sich dem etwas entgegenstellt, schreit er nach Selbsterfüllung. Freiheit kennt keine Erfüllung: Sie ist frei.

Wenn Sie also in diese Schulen kommen, oder überhaupt in eine Schule, dann muß diese zarte Qualität des Lernens bestehen, mit der das starke Gefühl der Zuneigung einhergeht. Wenn Sie wirklich zutiefst liebevoll sind, dann lernen Sie.

Die Krishnamurti-Schulen

England:

BROCKWOOD PARK. Erziehungszentrum und Internat. Schüler ab 14 Jahren. Bramdean, Hampshire SQ24 oLQ.

U.S.A.:

THE OAK GROVE SCHOOL. Tagesschule und Internat. Schüler im Alter von 3½ bis 17 Jahren. P.O. Box 216. Ojai, California 93 023.

Indien:

RISHI VALLEY EDUCATION CENTRE / RISHI VALLEY SCHOOL. Internat. Schüler im Alter von 7 bis 19 Jahren. Rishi Valley 517 352. Chittoor District, Andhra Pradesh.

RAJGHAT EDUCATION CENTRE / RAJGHAT SCHOOL. Internat. Schüler im Alter von 7 bis 19 Jahren. Rajghat Fort. Varanasi 221 001, Uttar Pradesh.

THE SCHOOL-KFI-MADRAS. Tagesschule. Schüler im Alter von 3 bis 13 Jahren. ›Damodar Gardens‹. Besant Avenue, Madras 20.

THE VALLEY SCHOOL. Tagesschule. Schüler im Alter von 6 bis 13 Jahren. ›Haridvanam‹. 17th K. M. Kanakapura Road. Thatguni Post. Bangalore 560062.

BAL-ANAND. »Nach-der-Schule-Hort« für jüngere Kinder. ›Akash-Deep‹. 28 Dongersi Road. Bom-bay 400006.

Kontaktadresse in Deutschland:

Bernd Hollstein, Zwerenberg 34, D-71560 Sulzbach